Zaubereien mit Luftballons

Linda Perina

inhalt

Viel Fantasie, etwas Geschick – und schon werden aus einfachen Luftballons Hunde, Kaninchen, Bären, ein Schirm und viele andere faszinierende Figuren!

Hol' dir die richtigen Luftballons, die du im Fachhandel findest, sowie eine Luftpumpe und baue aufmerksam nach, was dir in diesem Buch schrittweise vorgeführt wird.

Manchmal platzt ein Luftballon, doch hierdurch entsteht nur ein großer Knall, aber kein Schaden – soviel ist sicher. Du musst halt mit Geduld beginnen.

Aufblasen

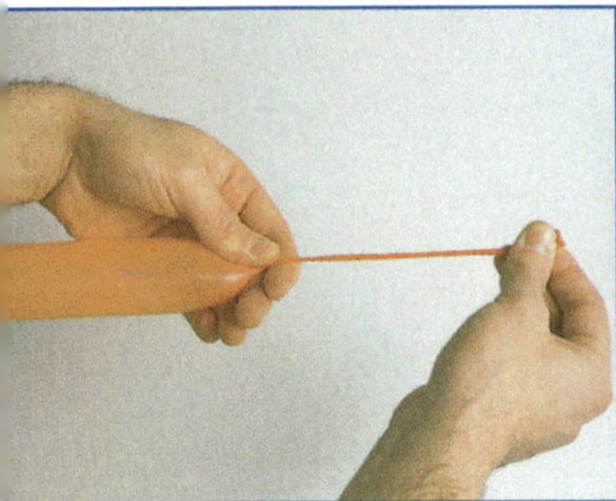

1. Damit sich der Luftballon leichter aufblasen lässt, solltest du ihn vor dem Aufblasen durch Ziehen etwas dehnen.

2. Wenn du kräftige Lungen hast, versuche den Luftballon mit dem Mund aufzublasen.

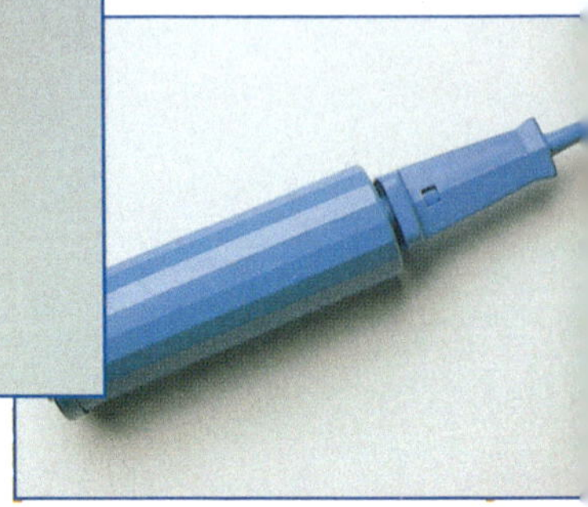

3. Ich rate dir jedoch, stets eine Pumpe zu verwenden. Mit ihr geht es leichter.

Verknoten

Es gibt viele Methoden, einen Luftballon zu verknoten; die Abbildungen zeigen die zwei einfachsten: den Ösenknoten und den Schneiderknoten.

ÖSENKNOTEN

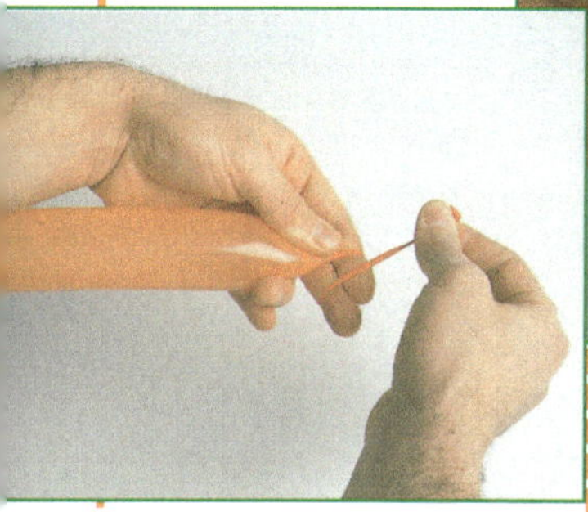

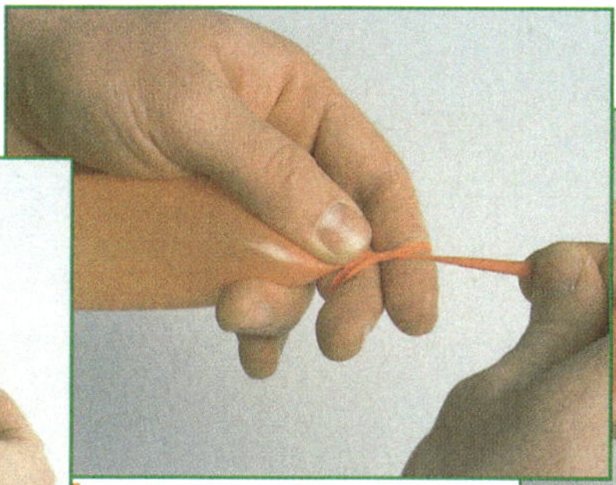

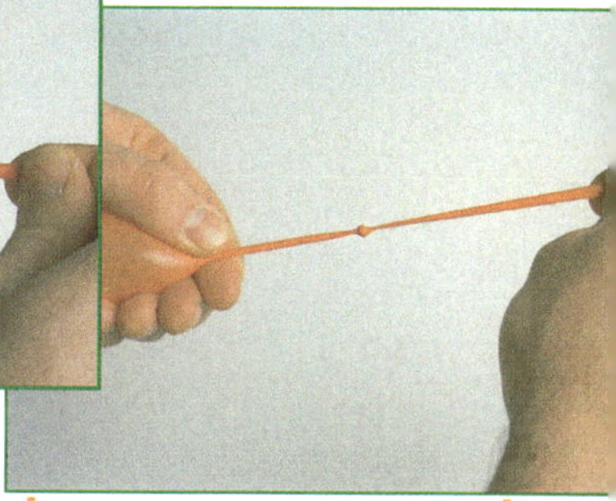

1. Um den Ösenknoten herzustellen, musst du das Ende des Luftballons um den Mittelfinger und den Zeigefinger der linken Hand wickeln.

2. Ziehe die auf diese Weise hergestellte Öse mit dem Daumen und dem Mittelfinger der linken Hand auseinander und schiebe das Ende mit dem Zeigefinger hinein.

3. Dann packst du das Ende mit dem Daumen und dem Zeigefinger der linken Hand auf der anderen Seite und ziehst an. Schon ist der Knoten fertig.

SCHNEIDERKNOTEN

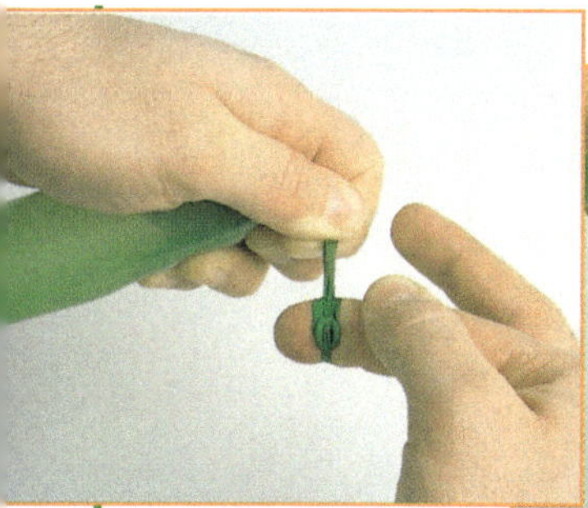

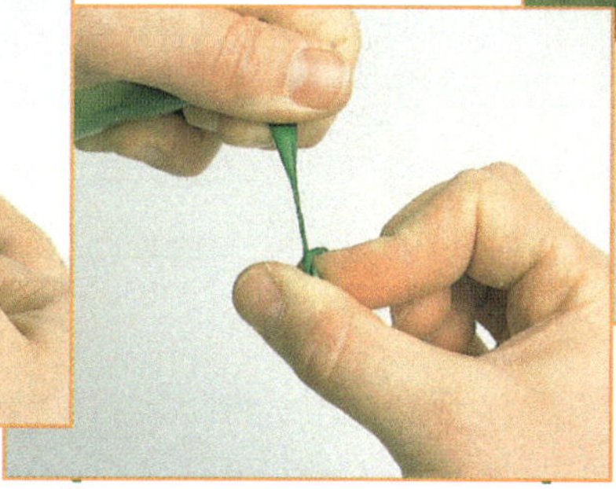

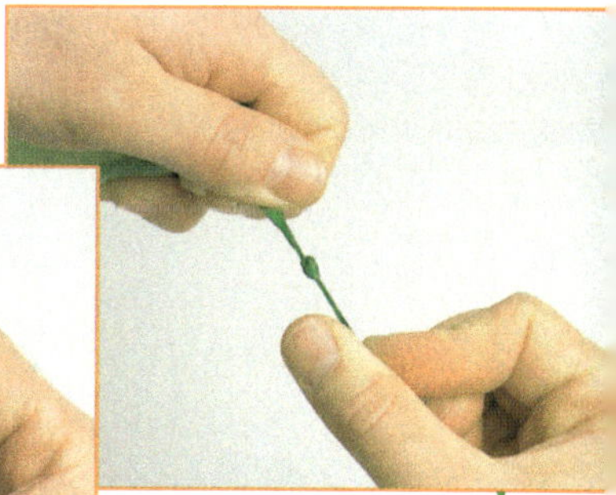

1. Um den Schneiderknoten herzustellen, musst du das Ende des Luftballons um den Zeigefinger wickeln.

2. Drücke mit dem Daumen gegen das aufgewickelte Ende, um es vom Finger abzurollen.

3. Auf diese Weise entsteht eine Öse, die Verdickung rutscht nach innen und bildet den Knoten.

Basisverdrehung

Dies ist die meistverwendete Verdrehung. Vergiss nicht, dabei die erste Blase festzuhalten, während du die anderen bildest, ansonsten rollt sie sich auf.

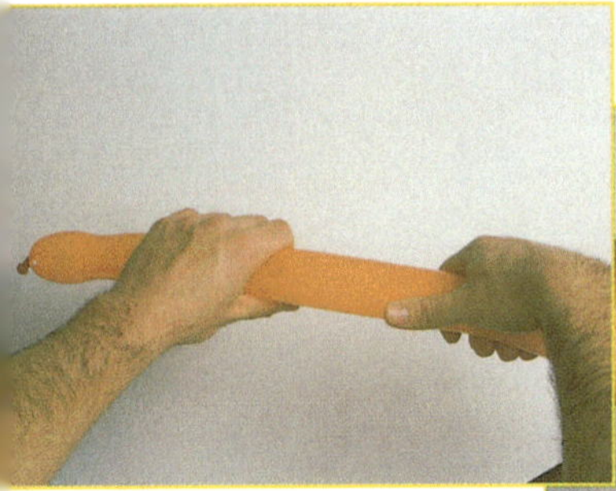

1. Bilde die ersten Blase mit einer Länge von 10 cm.

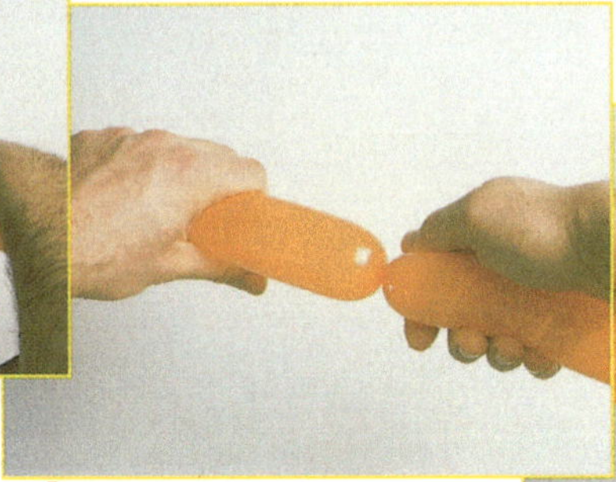

2. Halte den Luftballon mit der linken Hand und führe mit der rechten Hand vier Umdrehungen aus.

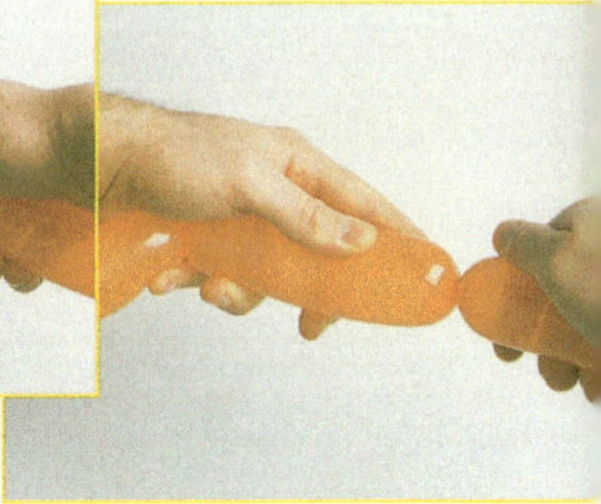

3. Bilde dann die zweite Blase mit 10 cm Länge und halte dabei die erste Blase mit dem kleinen Finger fest.

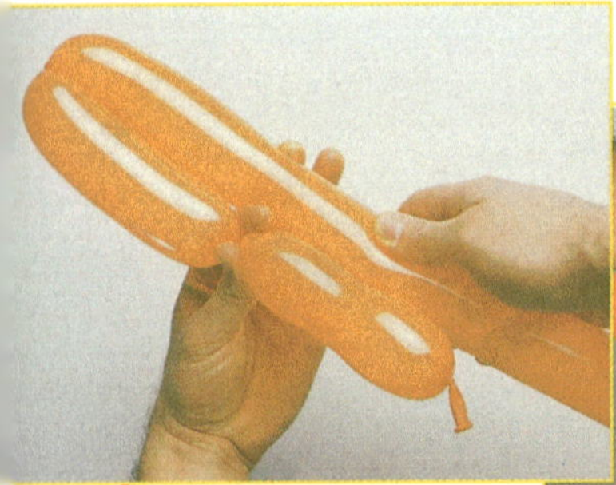

Bilde nun die dritte Blase und klappe sie auf die zweite Blase herab, wobei du den Luftballon mit der linken Hand hältst.

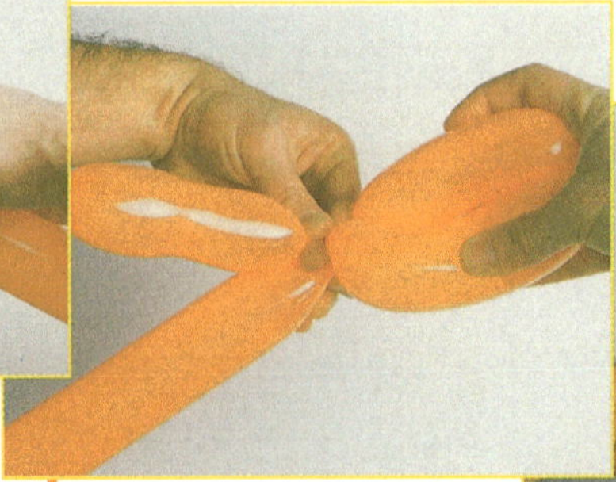

5. Mit der rechten Hand packst du anschließend die beiden Blasen und führst die Verdrehung aus.

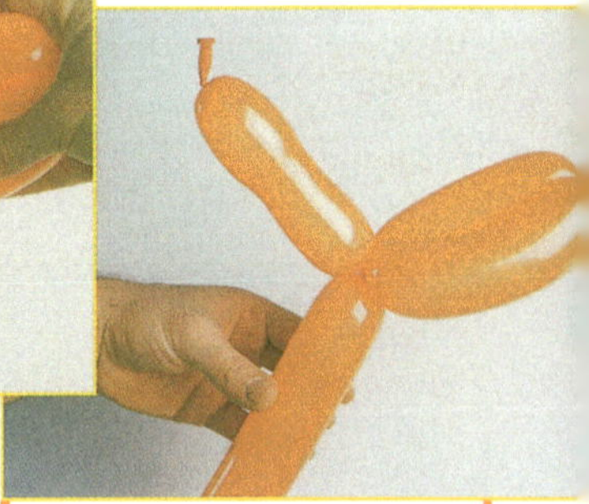

Die auf diese Weise durchgeführte Basisverdrehung sieht so aus.

Schnelle Basisverdrehung

Die Basisverdrehung kann auch schneller ausgeführt werden, indem einige Phasen weggelassen werden.

1. Bilde eine Blase mit 20 cm Länge. Knicke sie wie abgebildet um.

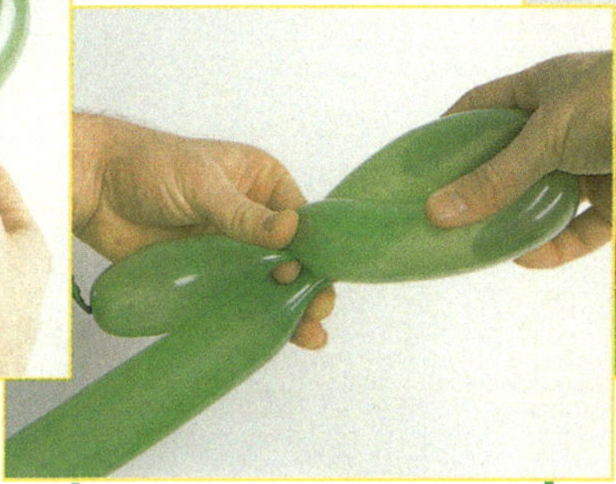

2. Nimm die beiden Teile mit der rechten Hand und führe in der Mitte eine Verdrehung aus.

3. Wie du siehst, ist das Ergebnis dasselbe wie bei der langsamen Basisverdrehung.

Ringverdrehung

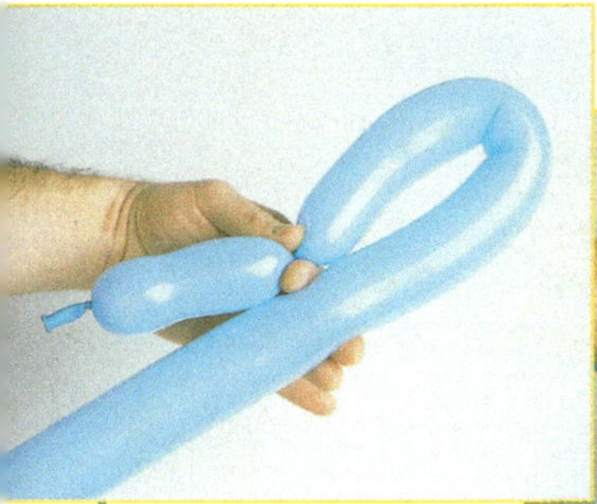

1. Bilde eine erste Blase mit 8 cm Länge.

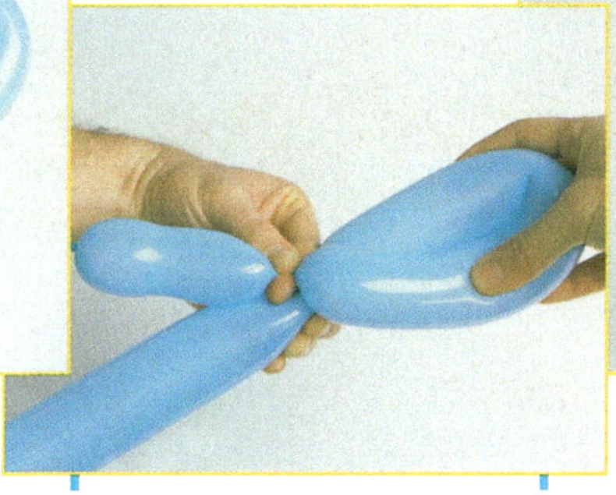

2. Bilde eine zweite Blase mit 16 cm und biege sie so, dass ein Ring entsteht.

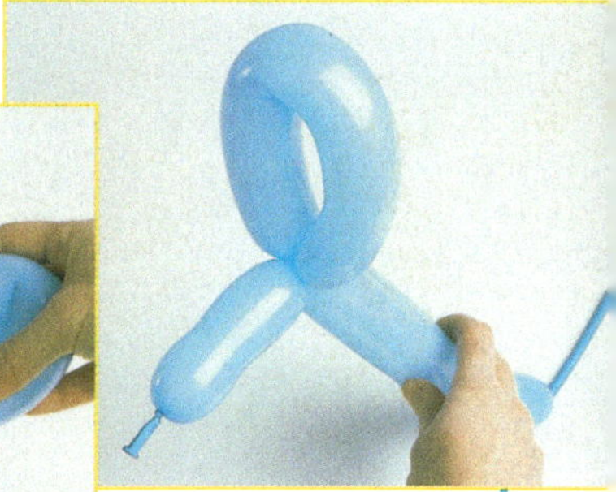

3. Packe sie dann mit der linken Hand und verdrehe sie mit der rechten Hand viermal.

Ohrverdrehung

Diese Verdrehung heißt so, weil mit ihr die Ohren der Tiere gebildet werden. Darüber hinaus ermöglicht sie es auch, Blasen anzubohren, ohne dass die Luft aus dem Luftballon entweicht.

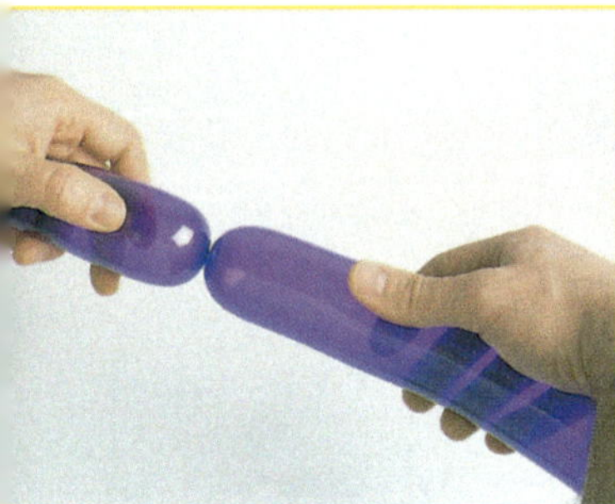

1. Bilde eine erste Blase mit 8 cm Länge.

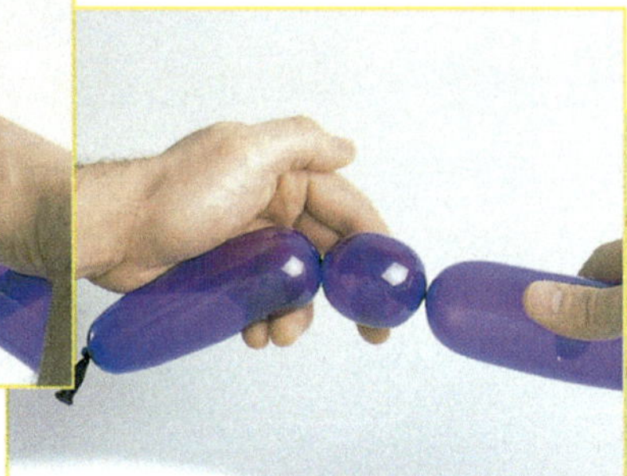

2. Dann eine Blase mit 3 cm Länge.

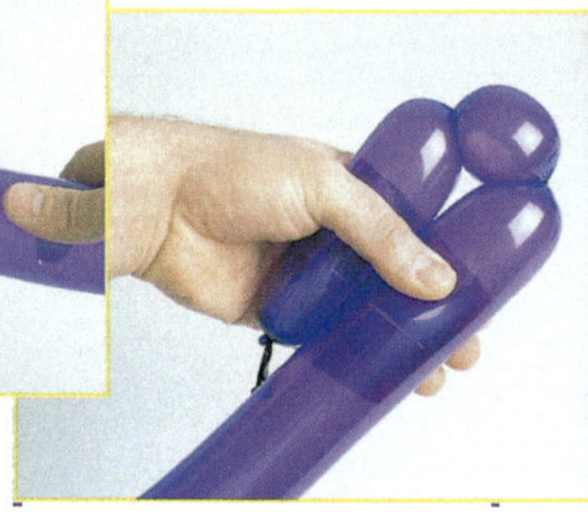

3. Knicke den Luftballon wie abgebildet ab.

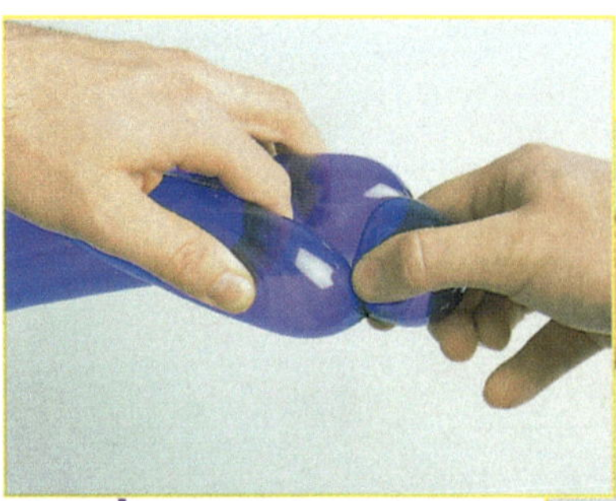

4. Packe die 3 cm lange Blase mit dem Daumen, dem Zeigefinger und dem Mittelfinger der rechten Hand und drehe die Blase viermal.

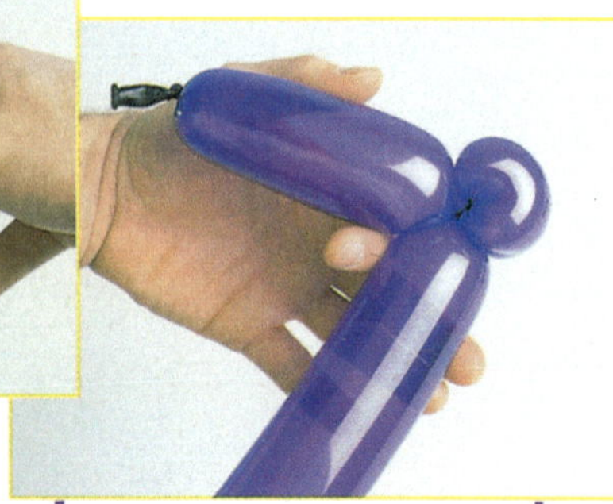

5. Führe diesen Schritt schnell aus. Diese Verdrehung wird auch verwendet, um 45°-Winkel zu bilden.

Apfelverdrehung

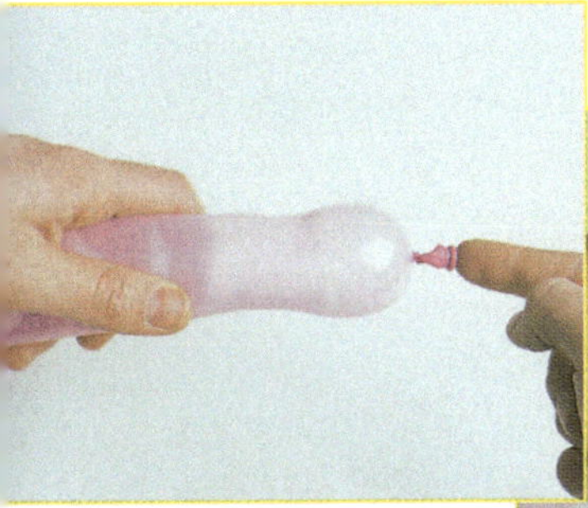

1. Lege den Zeigefinger der rechten Hand auf den Knoten des Luftballons.

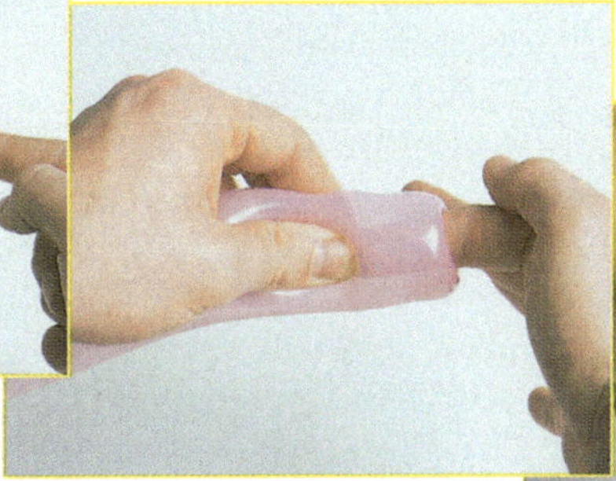

2. Schiebe den Zeigefinger in den Luftballon hinein.

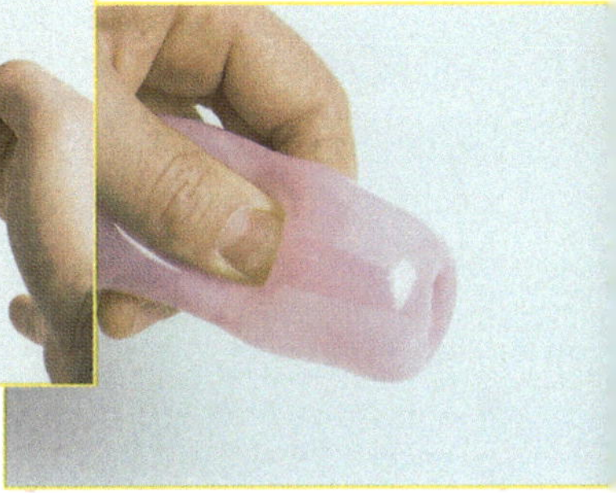

3. Pack den Knoten mit der linken Hand und ziehe den Zeigefinger wieder heraus.

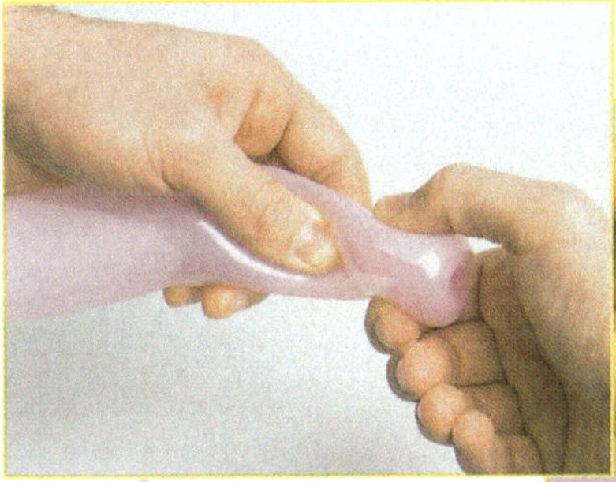

4. Führe eine Verdrehung mit der rechten Hand aus und blockiere dadurch den Knoten.

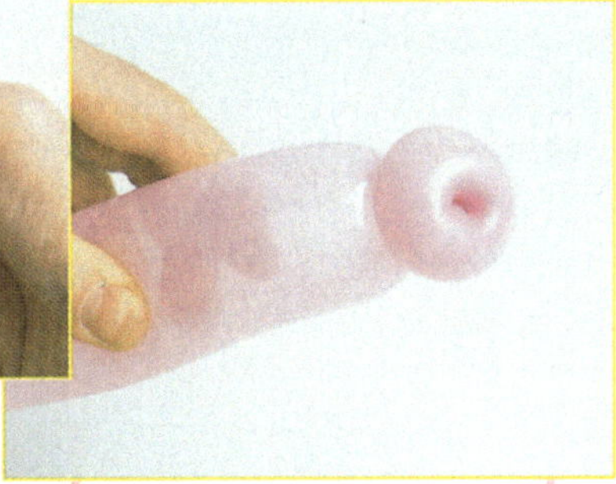

5. Nun sieht der Luftballon aus wie ein Apfel.

Wichtige Hinweise

Kaufe nur so viele Luftballons, wie du jeweils benötigst, da sie nach einiger Zeit ihre Elastizität verlieren.

Deine Fingernägel sollten immer gut gepflegt und die Hände sollten nicht rissig sein. Trage keine Ringe und passe an Scharnieren oder rauen Oberflächen auf.

Bei Kälte werden die Luftballons hart; bewahre sie deshalb in wohltemperierter Umgebung auf. Wenn du die Kunststücke im Freien aufführst, dann solltest du die Luftballons in den Innentaschen der Kleidung aufbewahren.

Damit sich niemand erschrickt, wenn ein Luftballon plötzlich platzt, solltest du dein Kunststück in einer gewissen Entfernung von den Zuschauern vorführen.

Lasse das Ende des Luftballons unaufgeblasen, damit der Luftballon nicht platzt, wenn das Werk halb vollendet ist. Dieses schlaffe Ende verschwindet dann beim weiteren Formen der Figur von alleine.

Wenn du für ein Fest viele Luftballonfiguren formen musst, dann wähle möglichst einfache Figuren, damit jeder eine bekommt; wenn du dagegen deine Geschicklichkeit vor einem Publikum, möglicherweise Erwachsenen, unter Beweis stellen möchtest, dann empfiehlt es sich, schwierige Figuren zu realisieren, für die du am Ende sicherlich einen dicken Applaus bekommen wirst.

Die Luftballons sind je nach Farben unterschiedlich fest. Probiere die verschiedenen Produkte aus und prüfe, welche Farbe je nach dem Schwierigkeitsgrad der Figur am besten zu verwenden ist.
Auf diese Weise vermeidest du, dass ein Luftballon platzt, wenn dein Werk kurz vor der Vollendung steht.

Kaninchen

Kaninchen

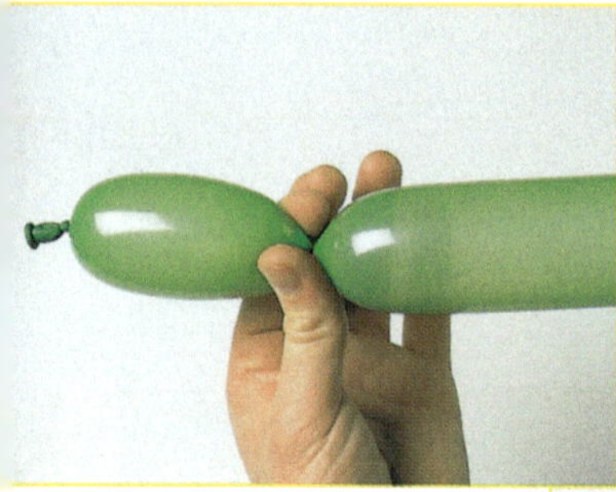

1. Blase einen Luftballon auf und lasse ein 8 cm langes Ende. Dann knotest du ihn ab.

2. Schnauze
Bilde eine Blase mit 6 cm Länge.

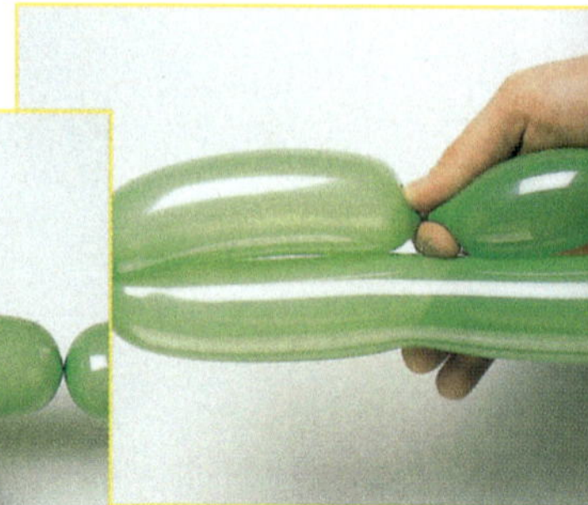

3. Ohren
Bilde zuerst ein Ohr mit einer 15 cm langen Blase.

4. Um das zweite Ohr zu bilden, knickst du den Luftballon und führst auf der Höhe der ersten Verdrehung eine zweite Verdrehung aus.

5. Hals
Bilde eine Blase mit 6 cm Länge.

6. Vorderbeine
Bilde zuerst ein Vorderbein mit einer 8 cm langen Blase. Dann knickst du den Luftballon und machst auf der Höhe der ersten Verdrehung eine zweite Verdrehung.

7. Rücke die Hinterbeine mit den Händen zurecht.

8. Körper
Bilde eine Blase mit 8 cm Länge.

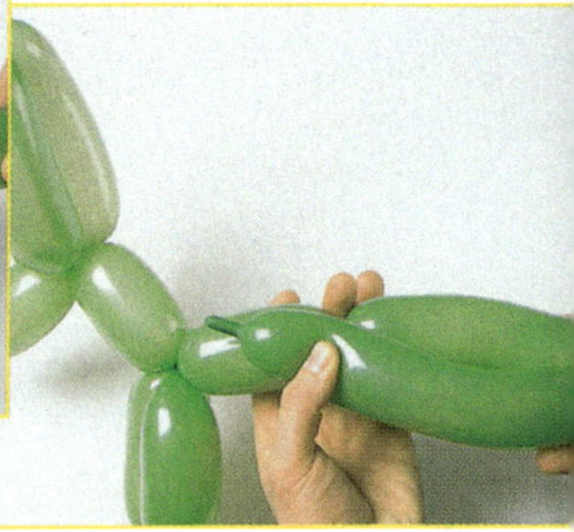

9. Hinterbeine
Mache eine Ringverdrehung, so dass eine Blase mit einem Umfang von 35 cm entsteht.

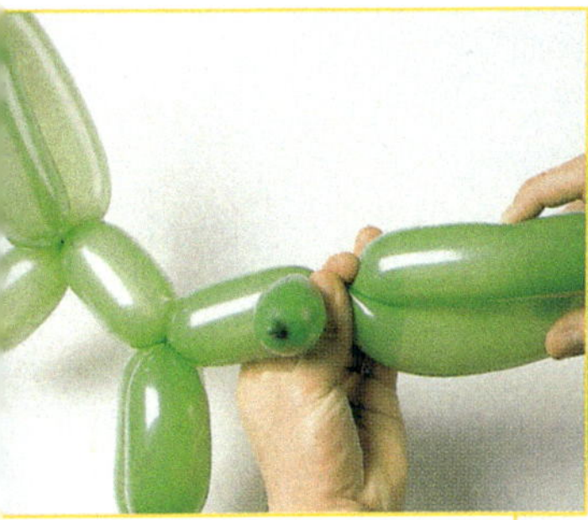

10.

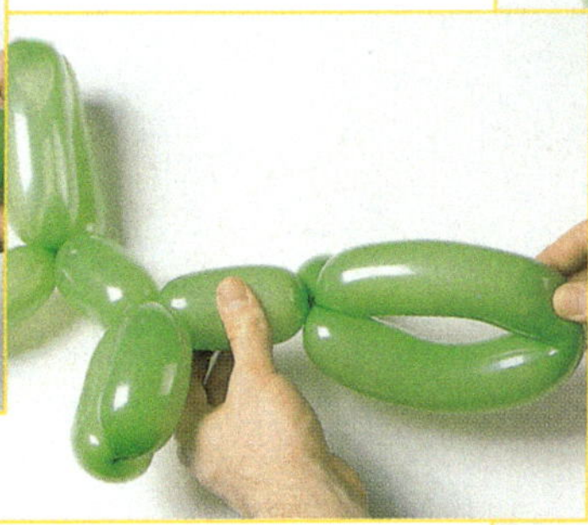

11.

12. Dann schiebe die Vorderbeine in den darunterliegenden Ring.

Dackel

1. Blase einen Luftballon auf und lasse ein 10 cm langes Ende. Dann knotest du ihn ab.

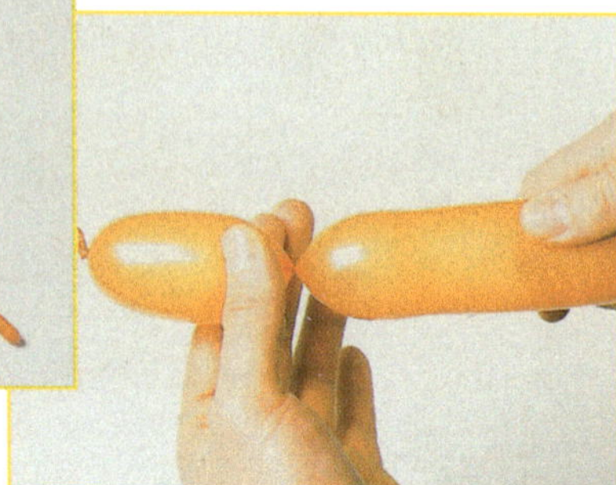

2. Nase
Bilde eine Blase mit 6 cm Länge.

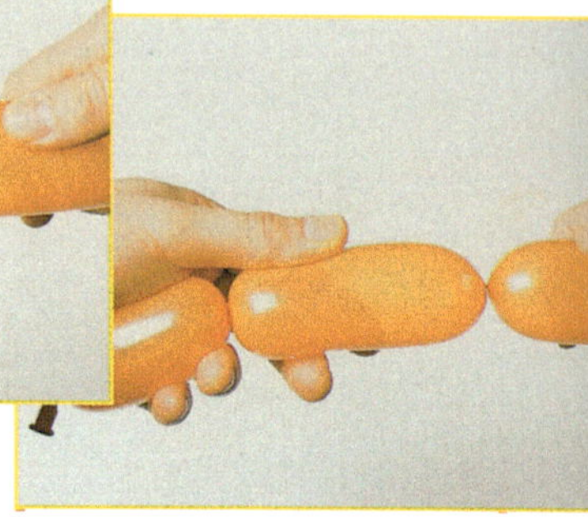

3. Ohren
Realisiere zuerst ein Ohr mit einer 8 cm langen Blase.

4. Beim zweiten Ohr knickst du den Luftballon, so dass er neben dem ersten Ohr liegt, und führst auf der Höhe der ersten Verdrehung eine zweite Verdrehung aus.

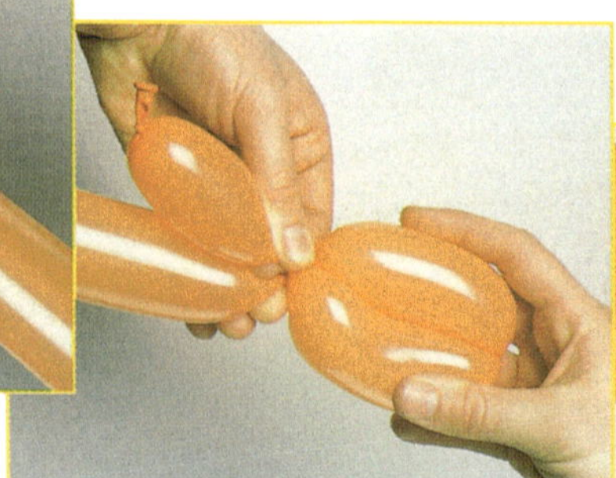

5.

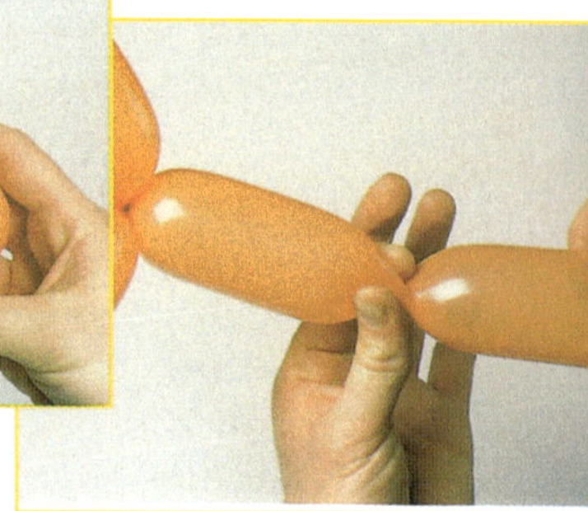

6. Hals
Bilde eine Blase mit 8 cm Länge.

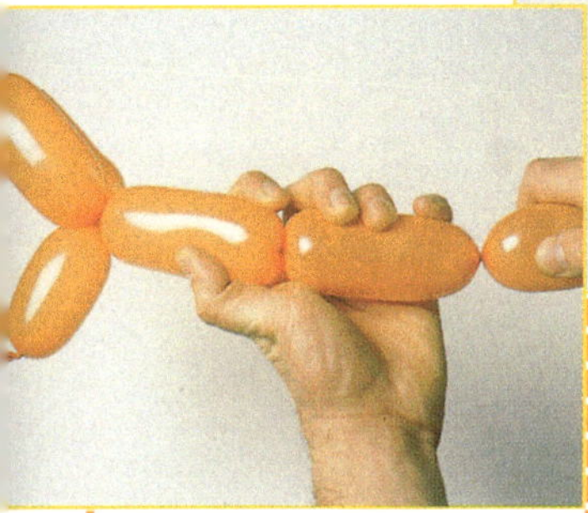

7. Vorderbeine
Bilde zuerst ein Vorderbein mit einer 6 cm langen Blase.

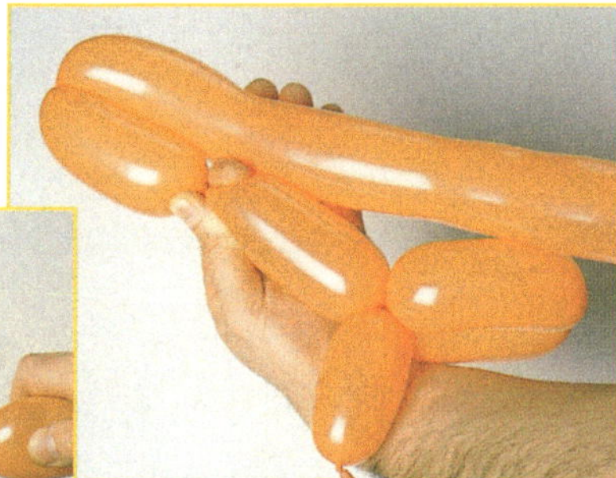

8. Um das zweite Vorderbein zu bilden, knickst du den Luftballon um, so dass er neben dem ersten Bein liegt und führst auf der Höhe der ersten Verdrehung eine zweite Verdrehung aus.

9. Körper
Bilde eine Blase mit 15 cm Länge.

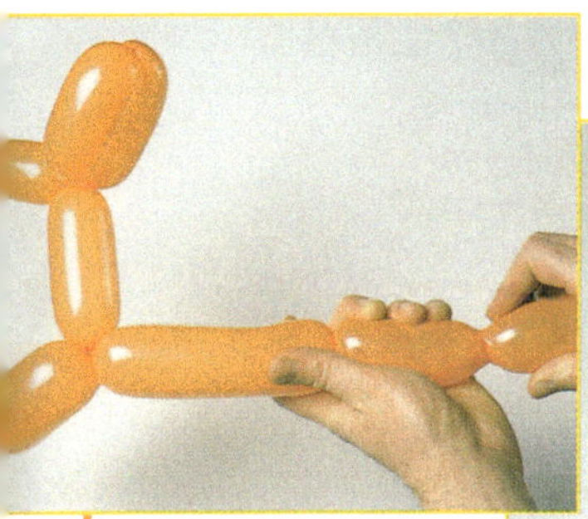

10. Hinterbeine
Bilde zuerst ein Hinterbein mit einer 6 cm langen Blase. Dann knicke den Luftballon um und mache eine zweite Verdrehung, die genauso lang ist wie die erste.

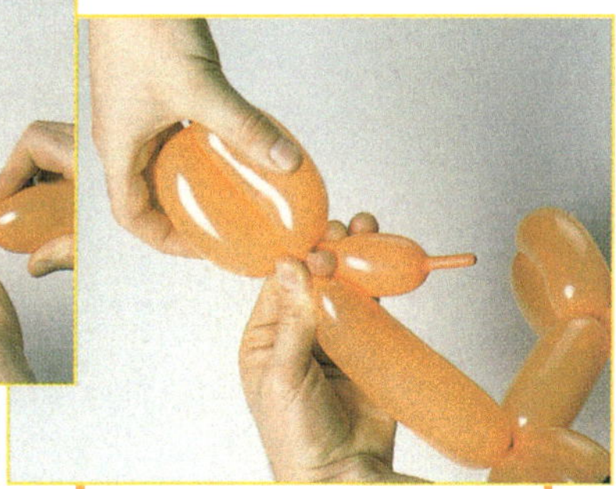

11. Drehe abschließend die Beine nach unten und den Schwanz nach oben.

Abbildung Dackel **siehe auch Seite 1**

Schwan

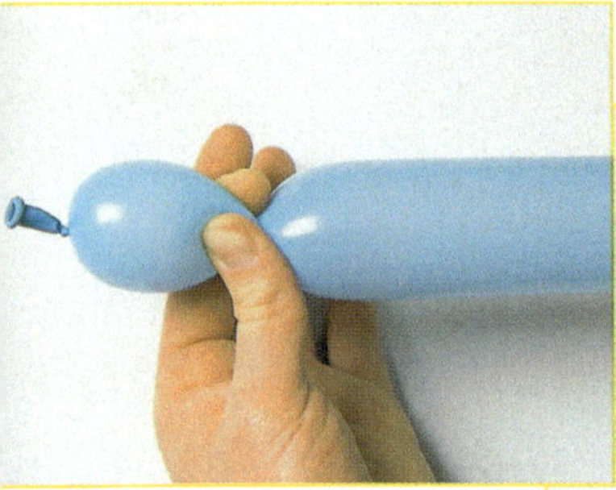

1. Blase einen Luftballon auf und lasse ein 8 cm langes Ende. Dann knotest du ihn ab. Bilde eine kleine Blase mit 3 cm Länge.

2. Führe eine Ringverdrehung aus, so dass eine Blase mit 60 cm Länge entsteht. Führe dabei mindestens 3-4 Umdrehungen durch.

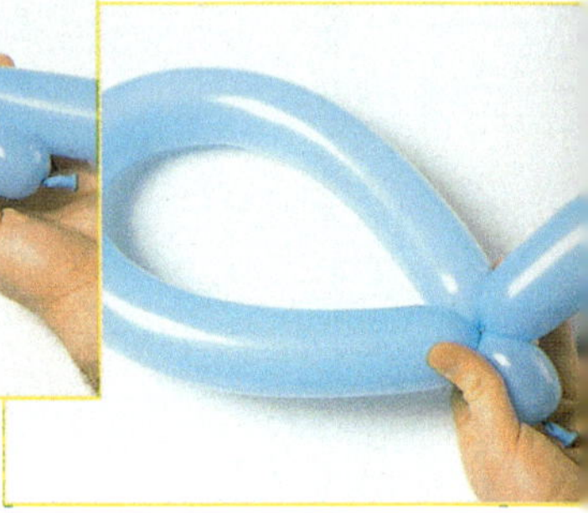

3.

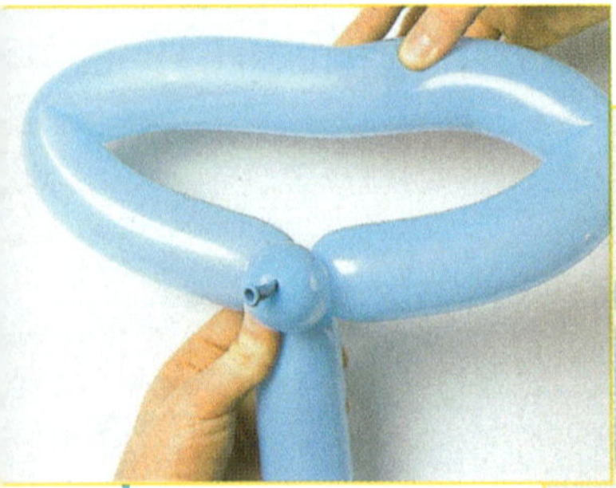

4.

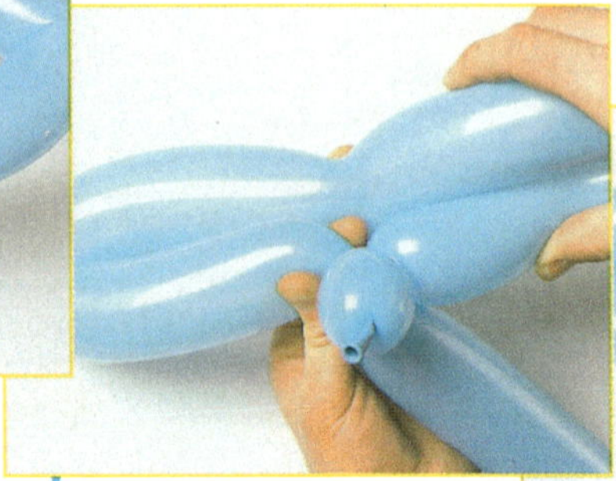

5. Führe auf der Hälfte des Rings eine weitere Ringverdrehung aus, so dass zwei gleich große Ringe entstehen.

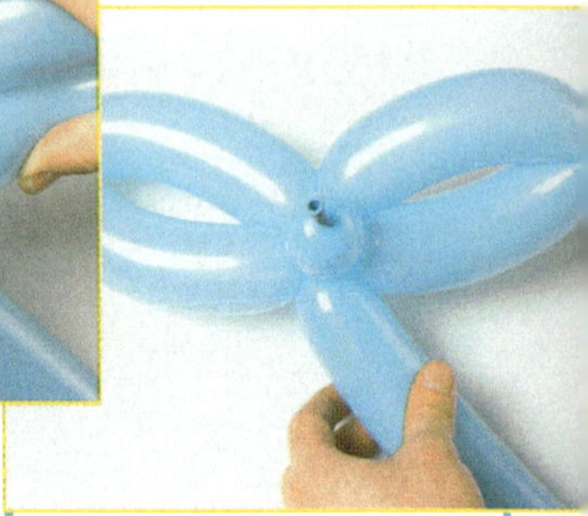

6.

(weiter auf Seite 18)

Schwan

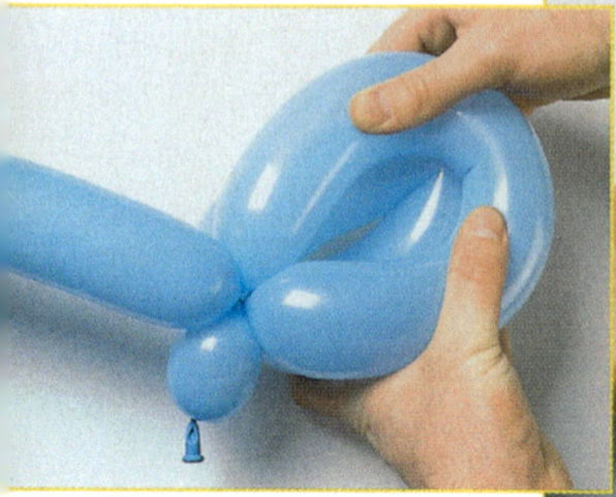

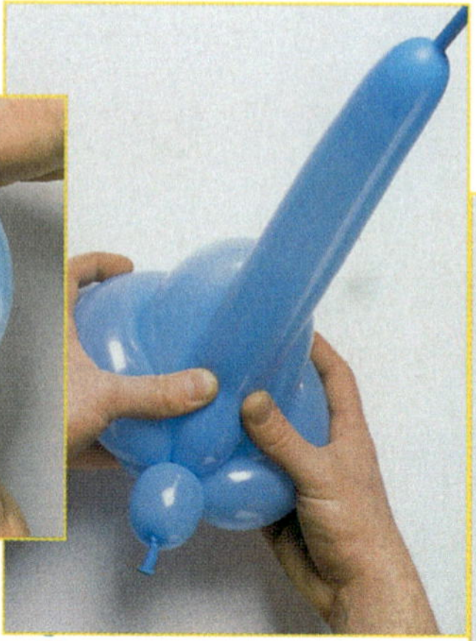

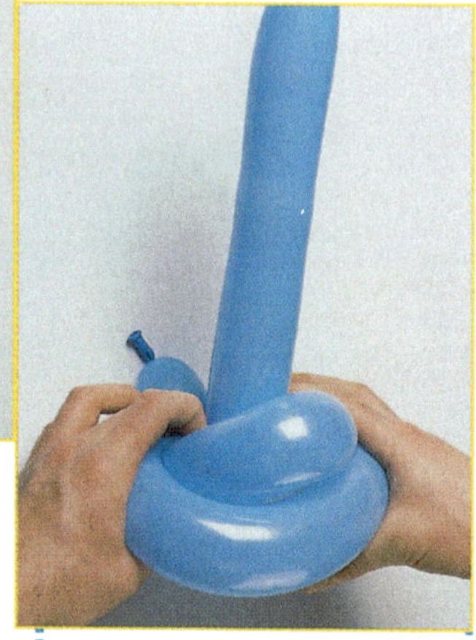

7. Um den Schwanz zu bilden, muss ein Ring in den anderen gesteckt werden.

8. Mit beiden Daumen wird der Hals nach hinten in den mittleren Ring gedrückt.

9.

10.

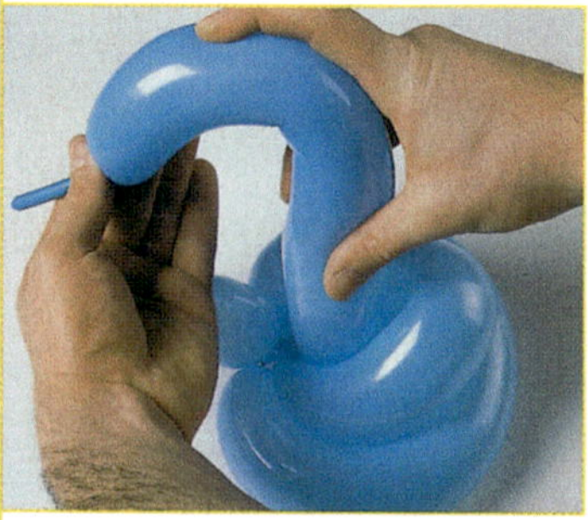

11. Um dem Hals die typische Biegung zu verleihen, musst du ihn dauerhaft nach unten biegen. Dazu musst du ihn fest mit der Hand umfassen und ihn ca. 10 Sekunden lang in dieser Stellung halten.
Dann kannst du ihn loslassen und modellieren.

Papagei

1. Blase einen Luftballon auf und lasse ein 10 cm langes Ende. Dann knotest du ihn ab.

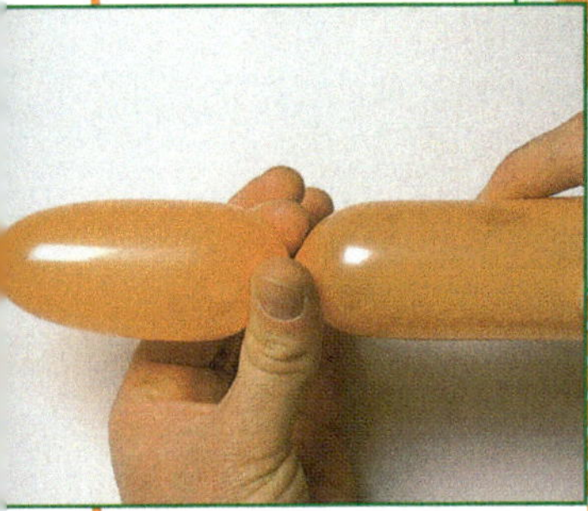

Schnabel

Bilde eine Blase mit 8 cm Länge.

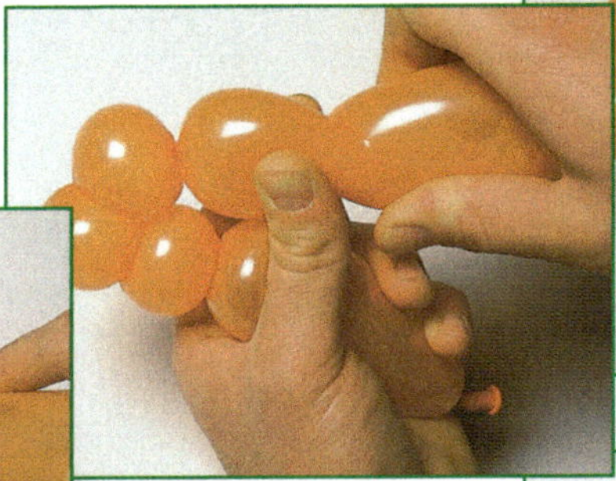

2. Schopf

Mache vier gleiche Blasen (3 cm). Halte sie mit dem kleinen Finger fest, damit sie sich nicht aufrollen.

3.

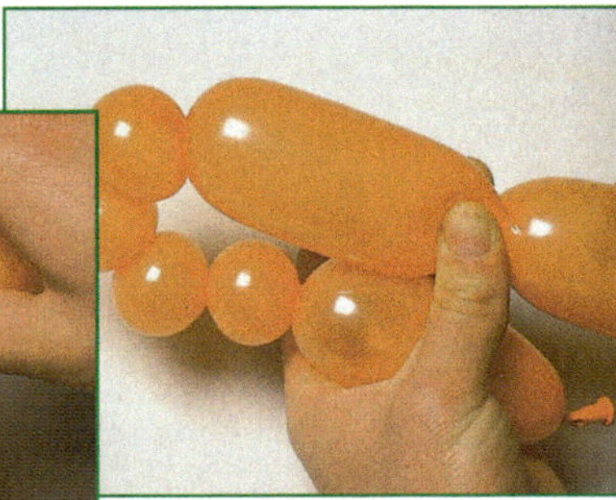

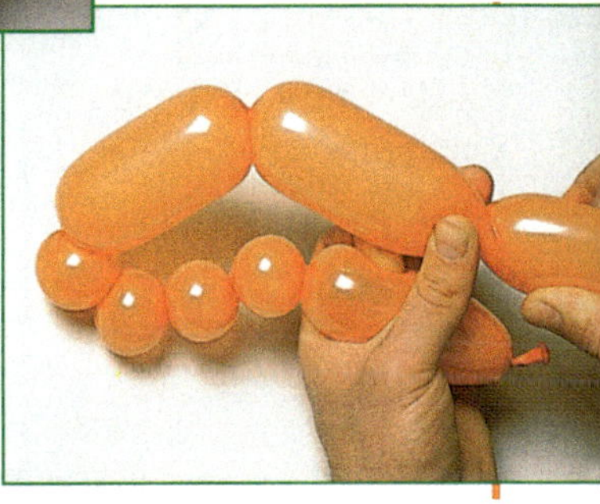

4. Gesicht

Mache zwei Blasen mit 8 cm Länge, die den beiden seitlichen Teilen des Gesichts entsprechen.

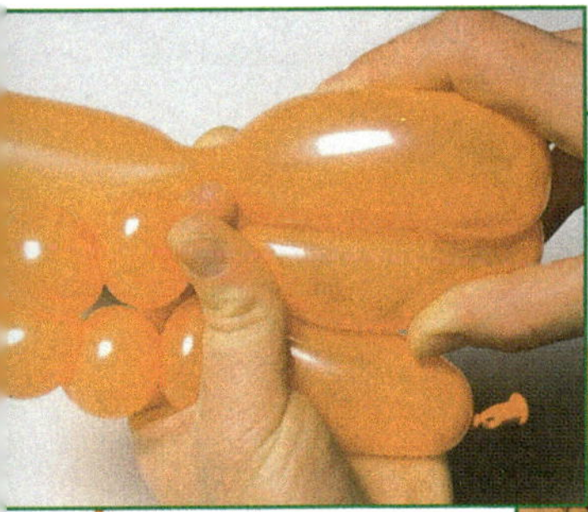

5. Mache eine Verdrehung und verbinde die beiden Blasen, die das Gesicht darstellen.

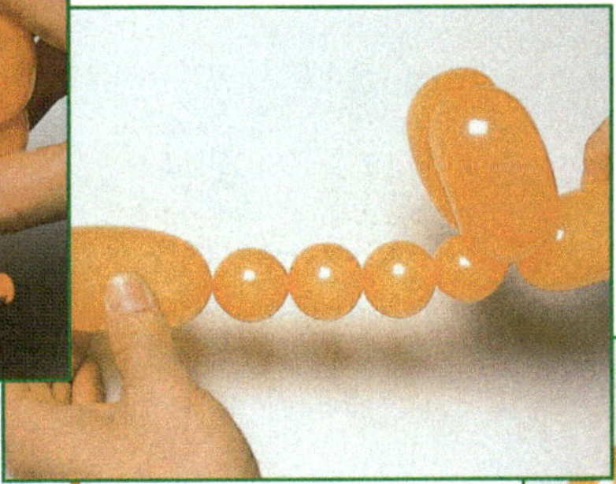

6. Biege die vier Blasen für den Schopf nach oben.

7. Wickle sie um den Kopf herum.

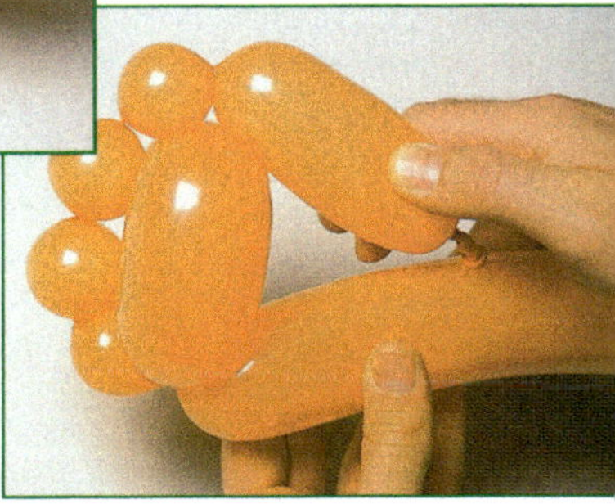

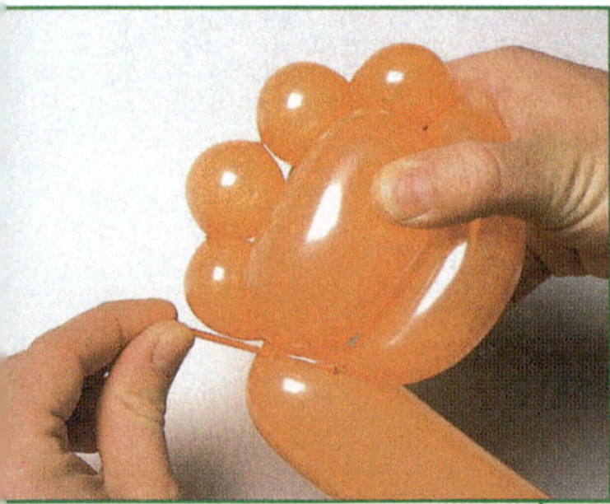

8. Abschließend wird unten am Kopf verknotet.

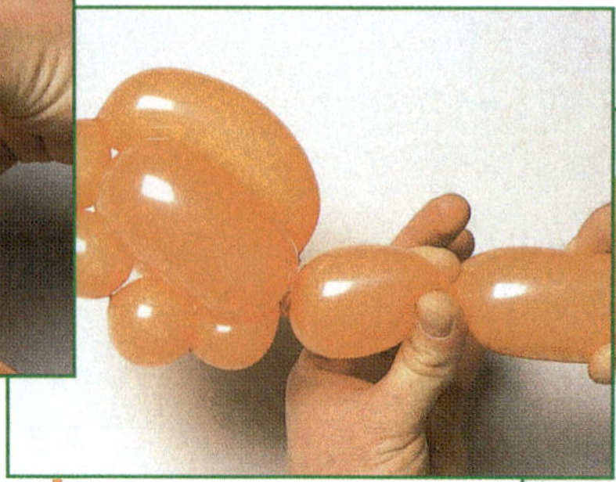

9. Hals
Bilde eine Blase mit 4 cm Länge.

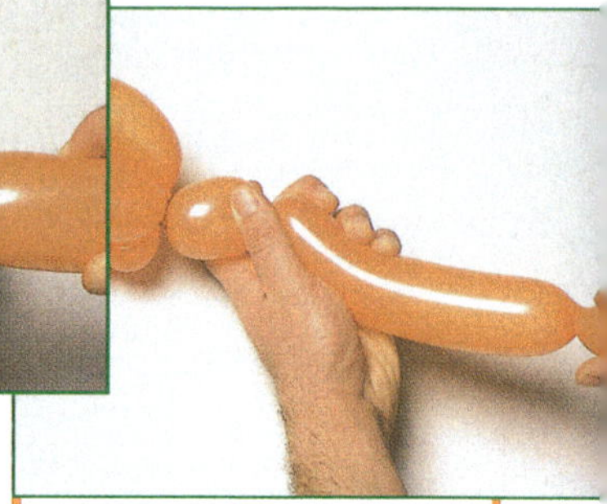

10. Körper
Bilde eine Blase mit 15 cm Länge.

11. Realisiere dann den anderen Teil des Körpers, indem du eine Blase bildest, die genauso groß ist wie die vorhergehende Blase. Verbinde die Blasen mit einer Verdrehung.

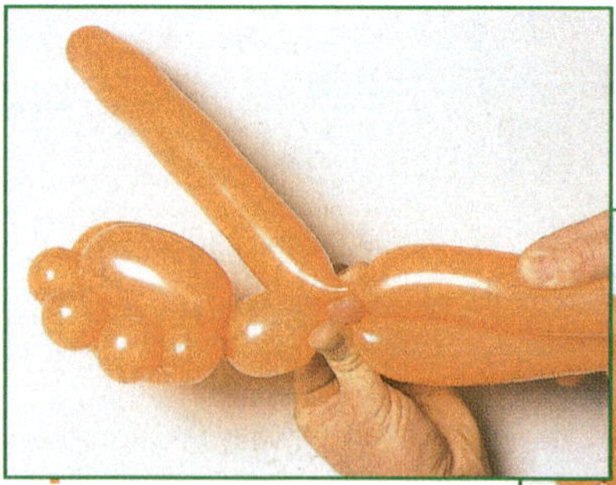

Beine
Realisiere zwei kleine Blasen mit 3 cm, indem du den unteren Teil des Körpers verdrehst.

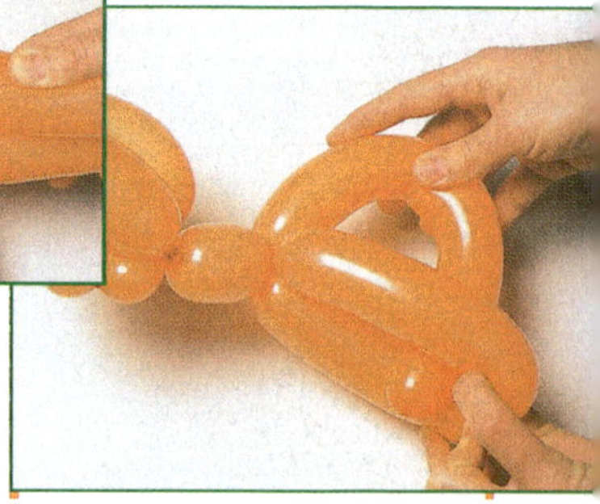

12. Schiebe den Schwanz in den Körper.

Papagei

Frosch

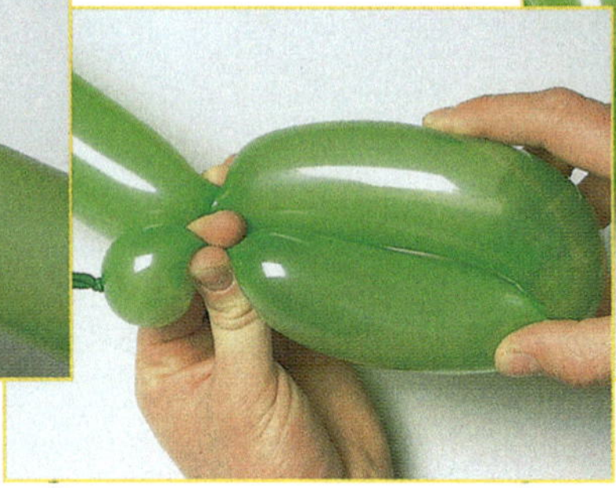

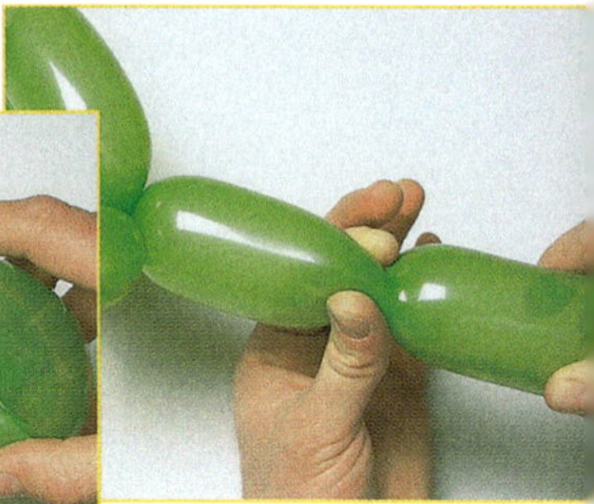

1. Blase einen Luftballon auf und lasse ein 10 cm langes Ende. Dann knotest du ihn ab. Mache eine erste Blase mit 3 cm Länge, die sich hinter dem Kopf befindet.

2. Maul
Führe eine Ringverdrehung mit einem Umfang von 25 cm aus.

3. Augen
Realisiere zuerst eine Blase mit 6 cm Länge. Knicke dann den Luftballon und mache eine Verdrehung, damit eine ebenso lange Blase entsteht.

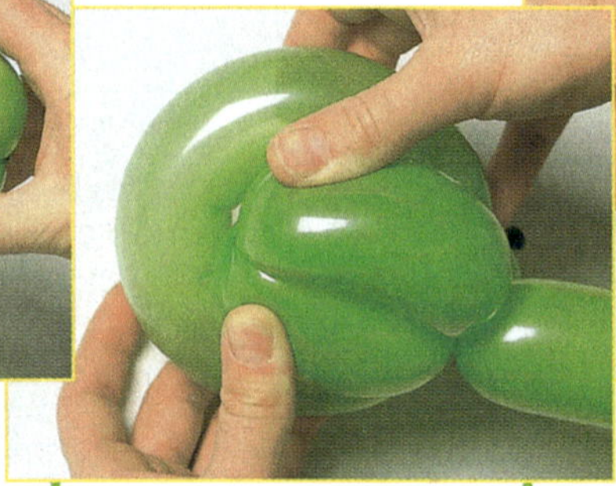

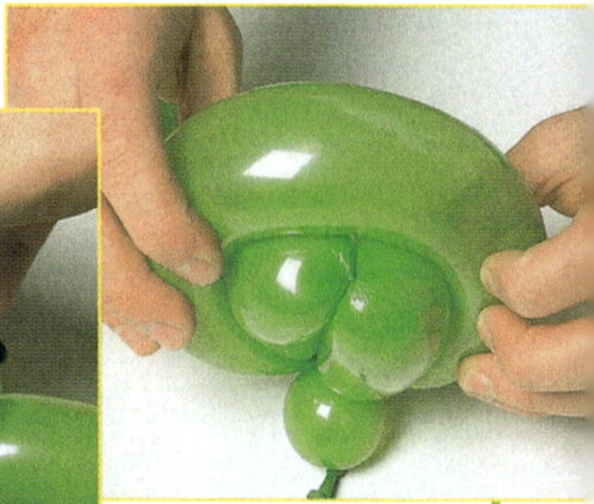

4. Führe anschließend die beiden Augen in den Ring, der den Mund darstellt, ein.

5. + 6. Dabei dürfen die Augen nicht ganz herausschauen, sondern müssen leicht zurückgerückt sein.

Modelliere sie mit den Händen.

(weiter auf Seite 24)

Frosch

7. So sieht der Kopf nach dem Modellieren aus.

8. Vorderbeine
Bilde eine Blase mit 8 cm Länge. Dann knickst du den Luftballon und machst eine Verdrehung, so dass ein zweites, gleich langes Bein entsteht.

9. Körper
Bilde eine Blase mit 6 cm Länge.

10. Hinterbeine
Mache eine Ringverdrehung, so dass im hinteren Bereich des Luftballons eine kleine Blase mit 3 cm Länge entsteht.

11. Stecke die Vorderbeine in den darunterliegenden Ring ein.

Mäuschen

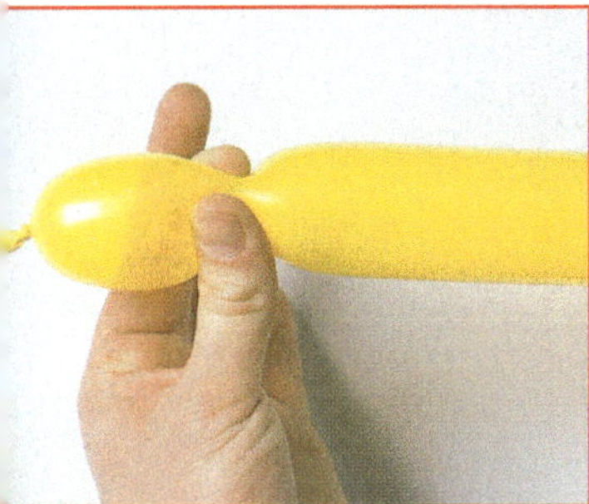

1. Blase einen Luftballon auf und lasse ein 20 cm langes Ende. Dann knotest du ihn ab.

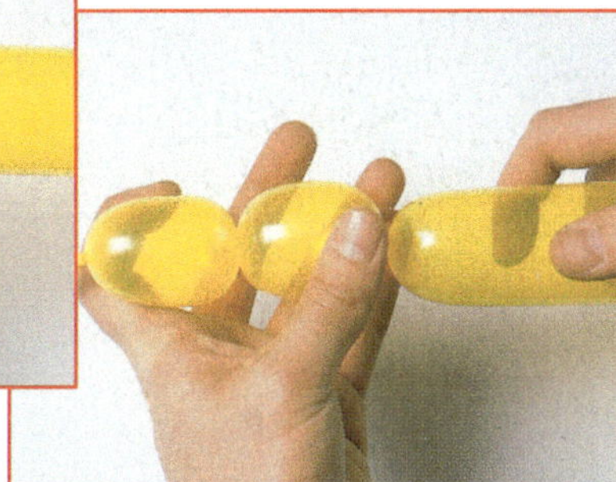

2. Schnauze
Bilde eine Blase mit 4 cm Länge.

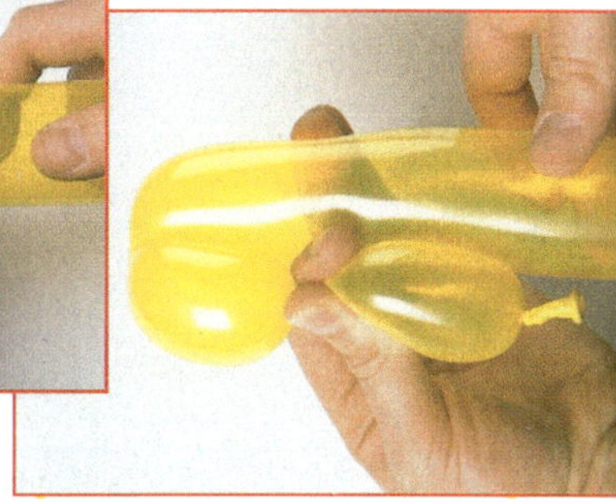

3. Ohren
Bilde zuerst ein Ohr mit einer 4 cm langen Blase.

4. Um das zweite Ohr zu bilden, knickst du den Luftballon und führst auf der Höhe der ersten Verdrehung eine zweite Verdrehung aus.

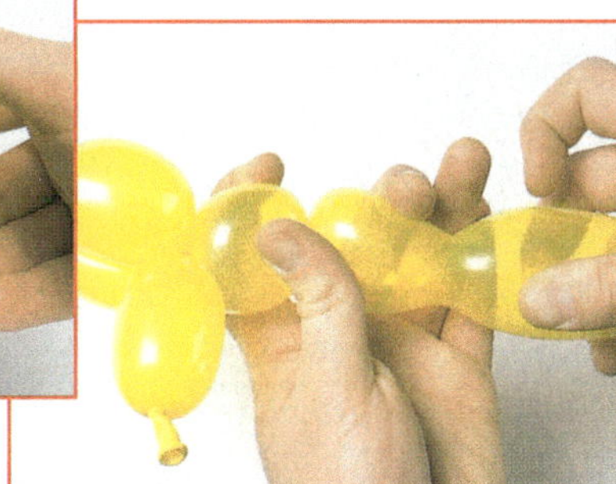

5. Hals
Bilde eine Blase mit 4 cm Länge.

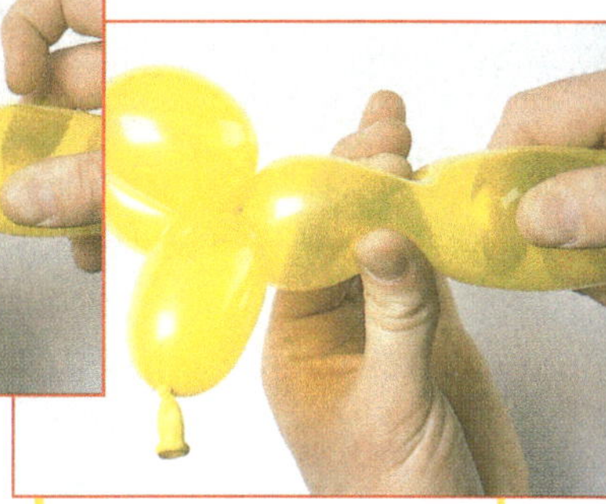

6. Vorderbeine
Bilde zuerst ein Vorderbein mit einer 4 cm langen Blase.

7. Dann knickst du den Luftballon und machst auf der Höhe der ersten Verdrehung eine zweite Verdrehung.

8. Körper

Bilde eine Blase mit 4 cm Länge.

9. Hinterbeine

Bilde zuerst ein Hinterbein mit einer 4 cm langen Blase.

10.

11. Dann knicke den Luftballon um und mache an der entsprechenden Stelle eine zweite Verdrehung.

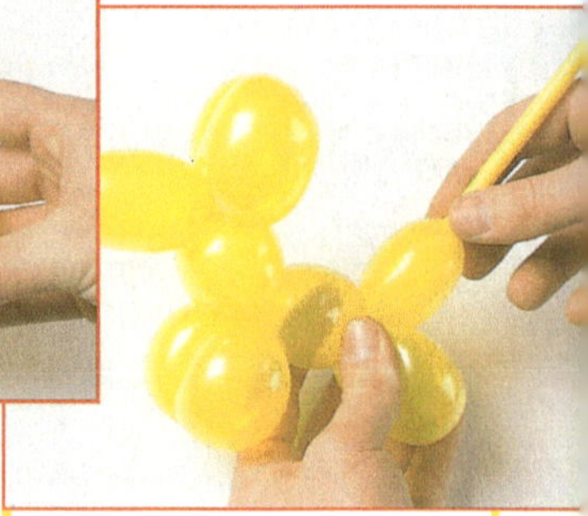

12. Drehe abschließend die Beine nach unten und den Schwanz nach oben.

Spinne

Mäuschen

Spinne

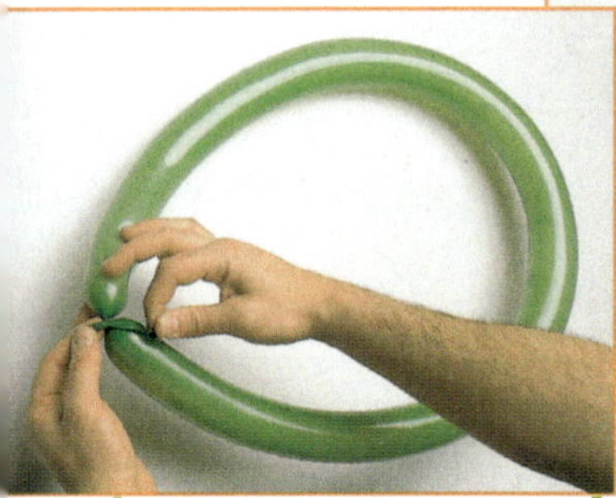

1. Körper
Blase einen Luftballon auf und lasse ein 2 cm langes Ende.
Dann knotest du ihn ab.

2. Falte nun den Ring wie abgebildet und führe eine Verdrehung aus, wobei du nur den oberen Teil verdrehst.

3. Führe eine Ringverdrehung aus, so dass sich ein Oval ergibt, das 7 cm größer ist als das andere Oval.

4. Klappe den kleineren Ring auf den größeren Ring um, warte kurz und bilde dann mit einer Verdrehung den Kopf.

5.

6. Führe die beiden gleichen Ringe zusammen und fixiere sie, indem du den Kopf um 360° nach innen drehst.

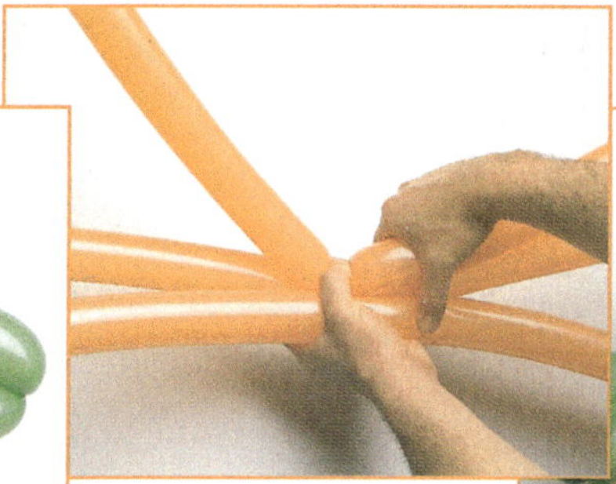

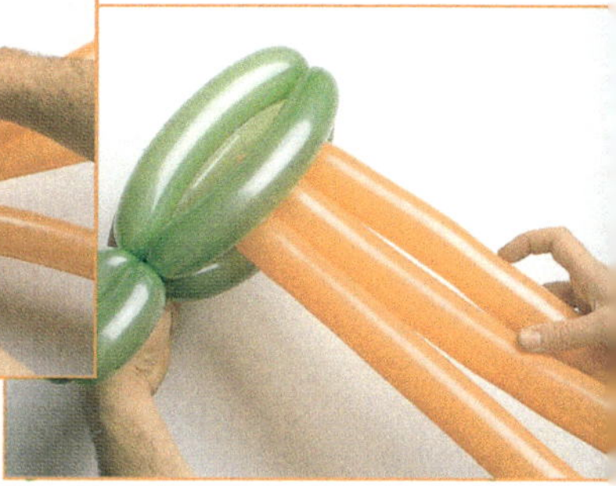

7. Nun ist der Körper fertig.

8. Beine
Blase drei Luftballons mit derselben Farbe und Länge auf. Lege sie aneinander und führe eine Verdrehung in der Mitte durch.

9. Schiebe die Beine in den Körper hinein.

10. Verbinde die Beine durch kleine Ringverdrehungen.

11. Führe diesen Schritt an allen sechs Beinen durch.
Achte dabei darauf, dass sämtliche Beine gegenüber dem Körper gleich lang sind.

Bärchen

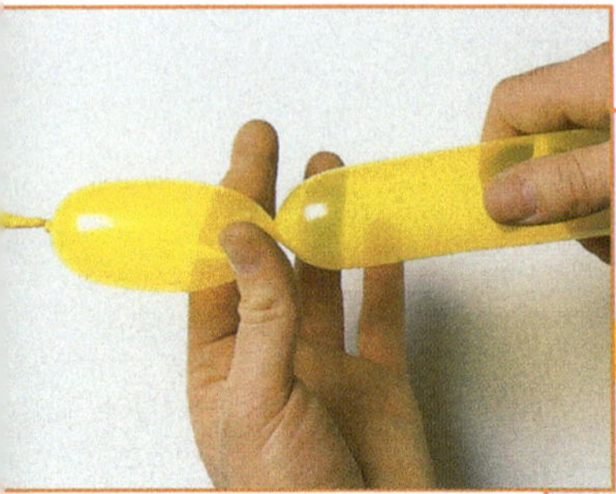

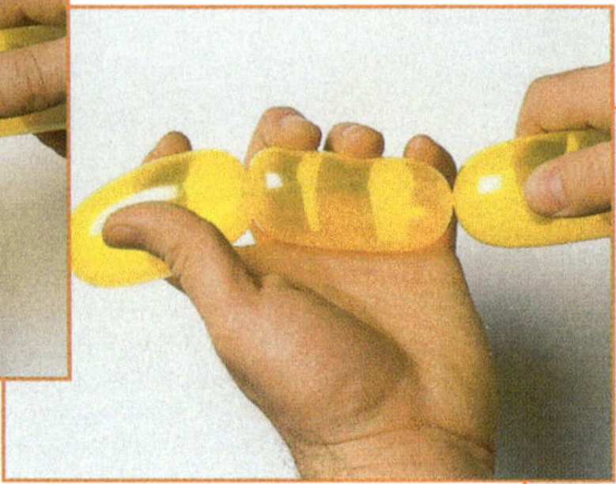

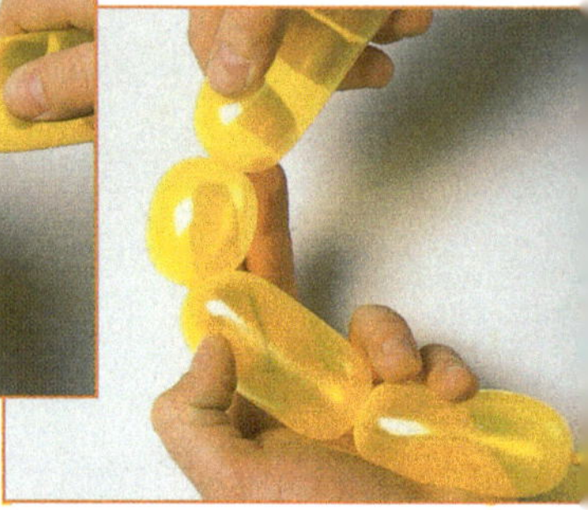

1. Blase einen Luftballon auf und lasse ein 12 cm langes Ende. Dann knotest du ihn ab.

Schnauze
Bilde eine Blase mit 5 cm Länge.

2. Wange
Mache eine Blase mit 4 cm Länge.

3. Ohr
Bilde eine Blase mit 3 cm Länge.

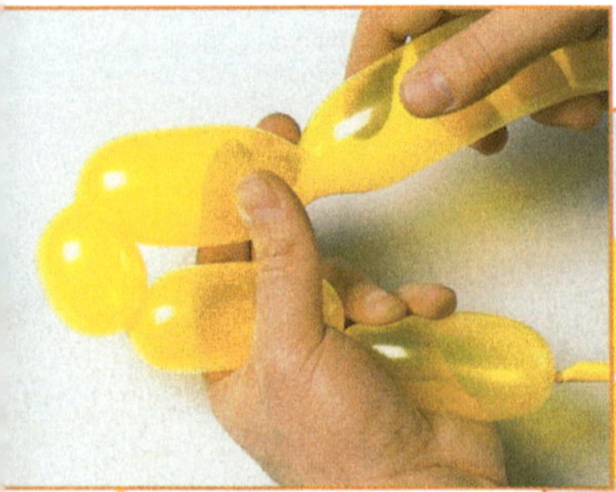

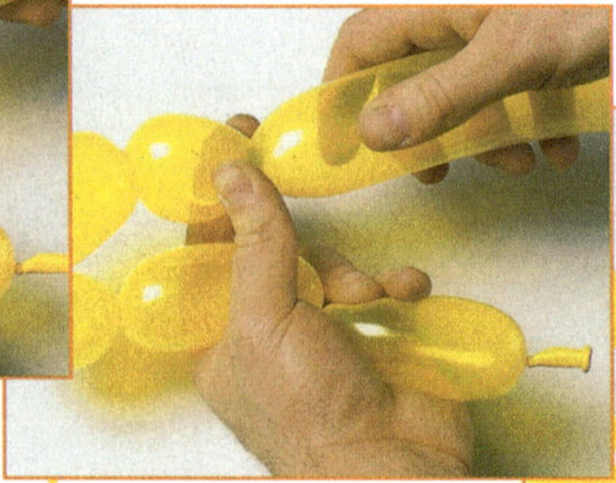

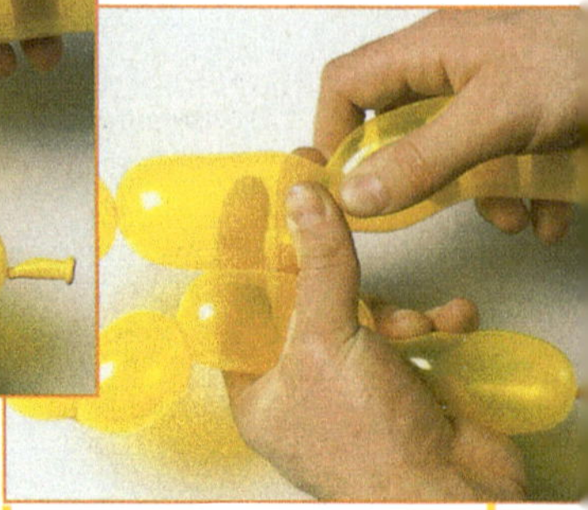

4. Stirn
Realisiere eine Blase mit 4 cm Länge.

5. Ohr
Bilde eine Blase mit 3 cm Länge.

6. Wange
Mache eine Blase mit 4 cm Länge.

7. Mache eine Verdrehung, mit der du die letzten fünf Blasen unter der Schnauze verschließt.

8. So sieht die Figur nach der Verdrehung aus.

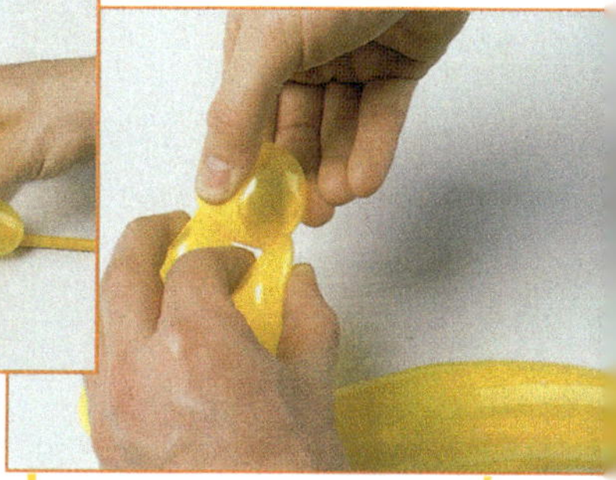

9. Die Ohren sehen ganz besonders echt aus, wenn du eine Ohrenverdrehung machst.

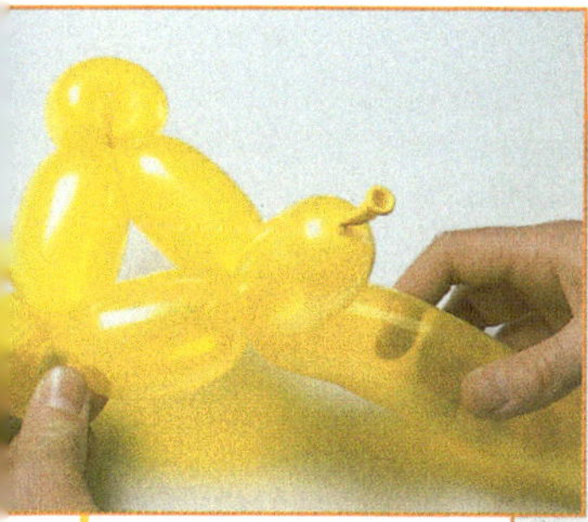

10.

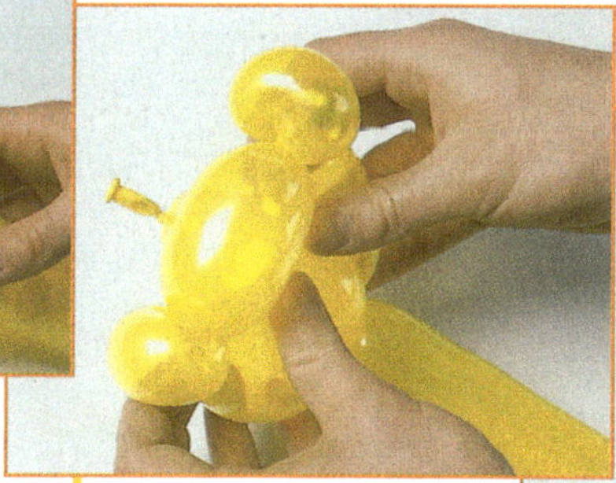

11. Drücke mit den Fingern die Schnauze ins Innere des Kopfes, bis die Schnauze zwischen den Unterkieferhälften festklemmt.

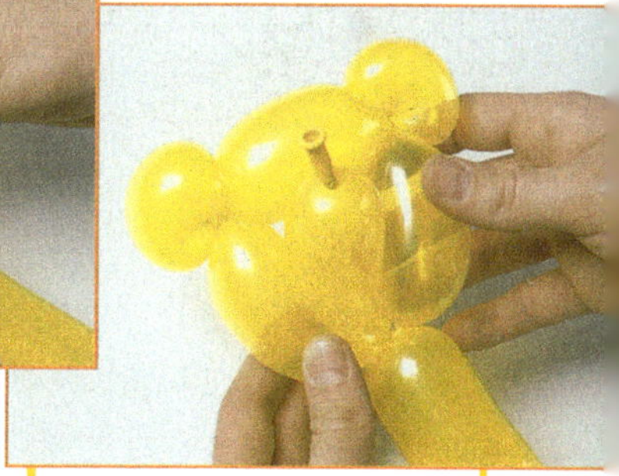

12.

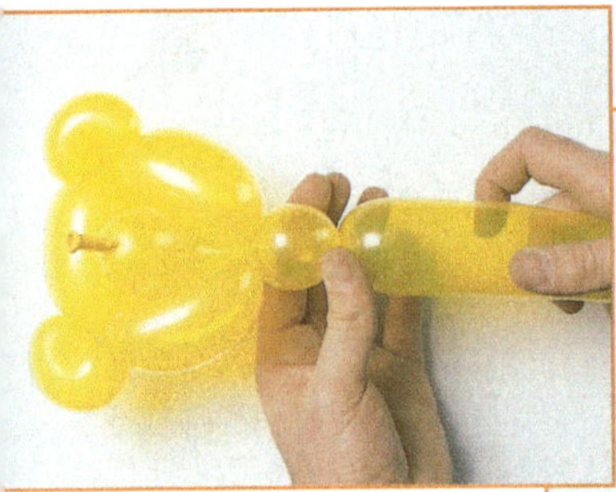

13. Hals
Bilde eine Blase mit 4 cm Länge.

14. Arme
Die Arme werden durch zwei Ringverdrehungen mit 6 cm Länge gebildet.

15. Bauch
Realisiere eine Blase mit 4 cm Länge.

16.

17. Hinterbeine
Mach zwei Ringverdrehungen mit 6 cm. Forme die Beine und das Schwänzchen mit einer 3 cm langen Blase am Ende des Luftballons.

Bärchen
mit
Tulpe

Tulpe

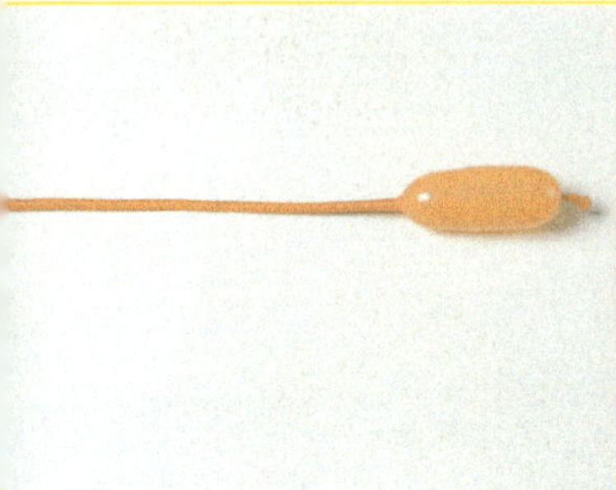

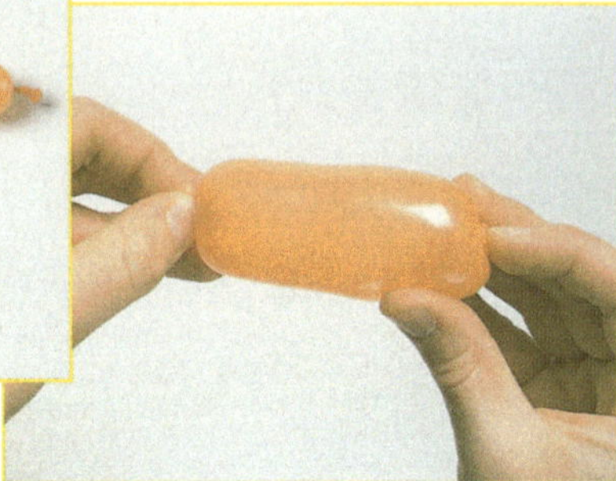

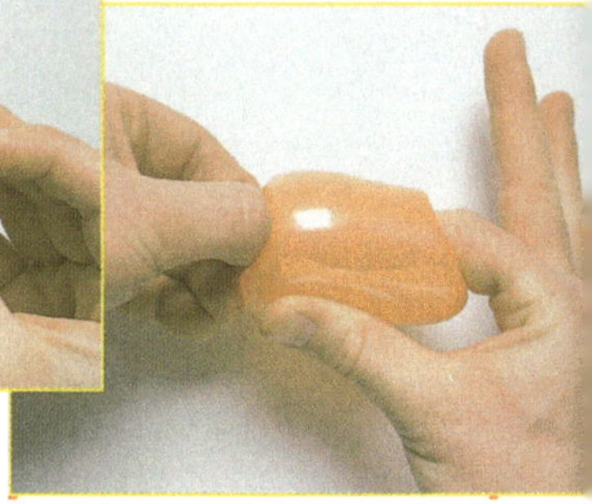

1. Blase den Luftballon nur 8 cm lang auf, so dass ein sehr langes Ende verbleibt.

2. Drücke den Knoten mit dem Zeigefinger in den Luftballon hinein.

3. Packe den Knoten mit der linken Hand.

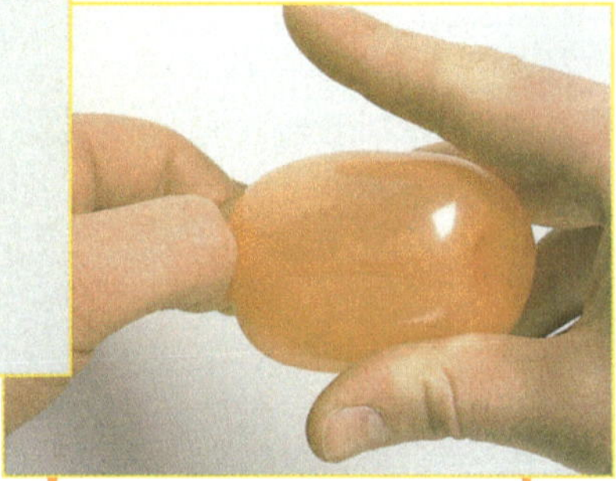

4. Ziehe den Zeigefinger heraus und verdrehe den Luftballon, so dass der Knoten blockiert wird.

5. Stecke die Blume zwischen die Arme des sympathischen Bärchens.

Schwert

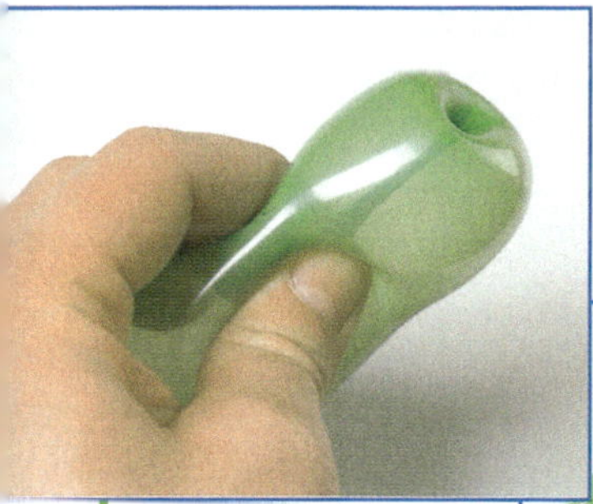

1. Blase einen Luftballon auf und lasse ein Ende mit 2 cm Länge. Knote ihn ab. Führe eine Apfelverdrehung mit 4 cm Länge durch.

2. Bilde ein „M", indem du eine Serpentine formst.

3. Packe die Mitte des „M" mit einer Hand und führe mit der anderen Hand die Verdrehung durch.

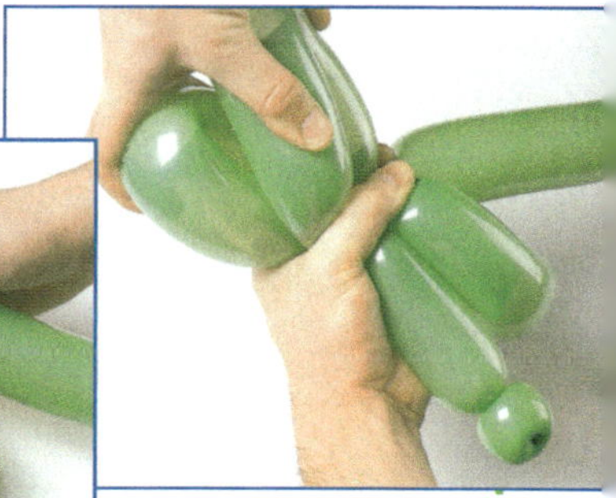

4. Mit dieser Methode kannst du schnell drei Ringverdrehungen durchführen. Wenn dir das nicht gelingt, kannst du sie auch einzeln durchführen. Das Ergebnis ist dasselbe.

Gänseblümchen

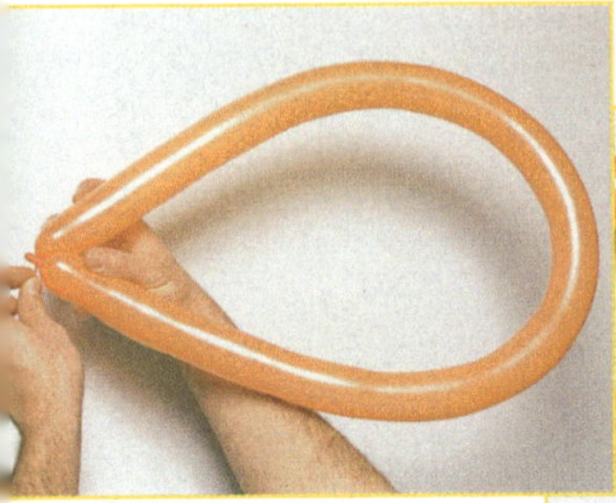

1. Blase einen Luftballon auf und lasse ein 2 cm langes Ende. Fülle ihn nicht zu sehr mit Luft, um zu vermeiden, dass er während des Modellierens platzt. Dann verknotest du beide Enden zu einem Ring.

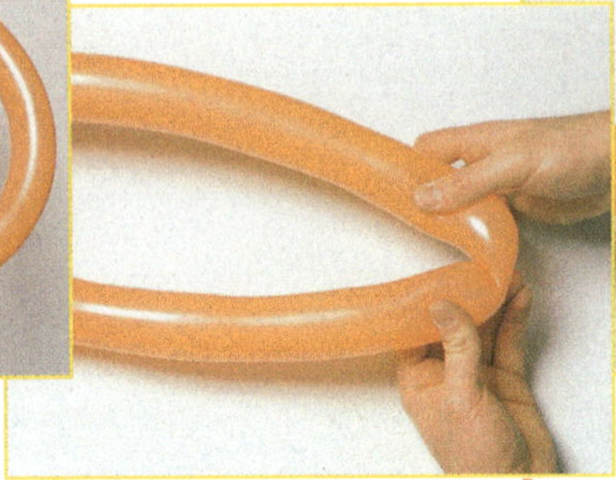

2. Blütenblätter
Unterteile den Ring in zwei gleiche Teile, wobei du nur den oberen Teil verdrehst.

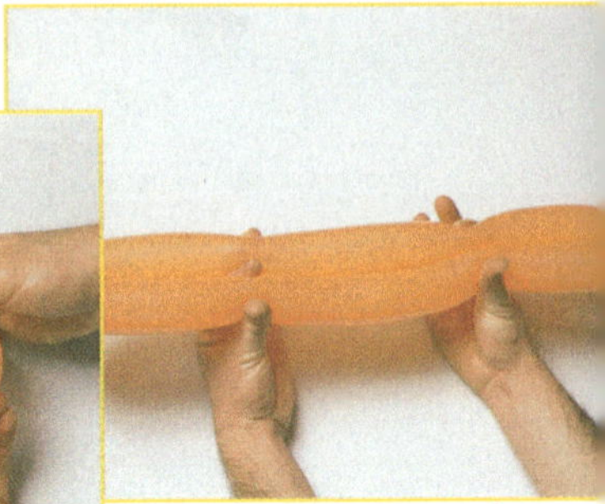

3. Schau dir den Luftballon gut an und stell ihn dir in drei gleiche Teile unterteilt vor.

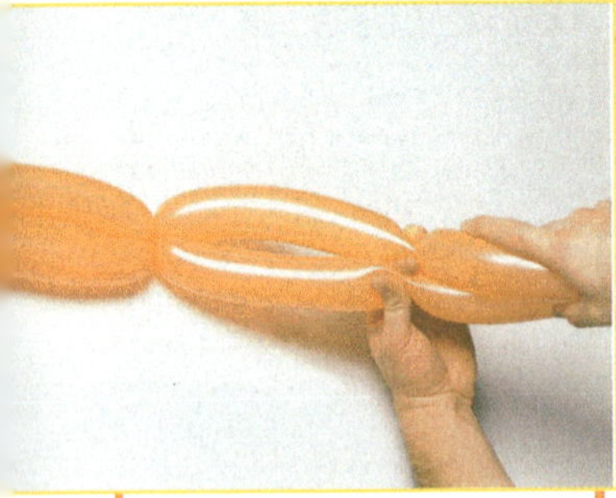

4. Dann führst du zwei Verdrehungen aus, mit denen die beiden Hälften in drei gleiche Teile unterteilt werden.

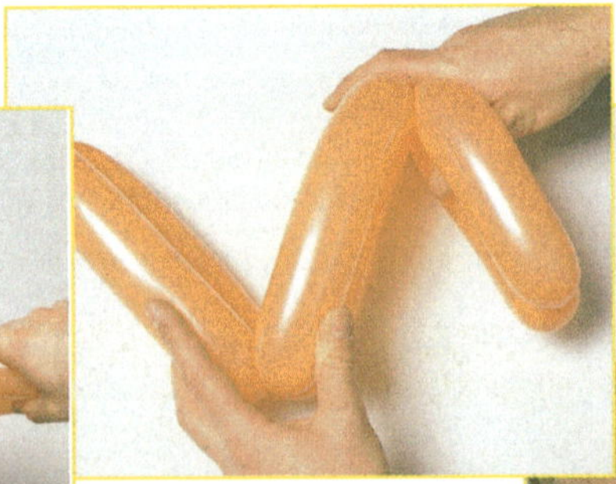

5. Lege die Teile, die sich aus dem vorhergehenden Schritt ergeben, nun so aneinander, dass ein „S" gebildet wird.

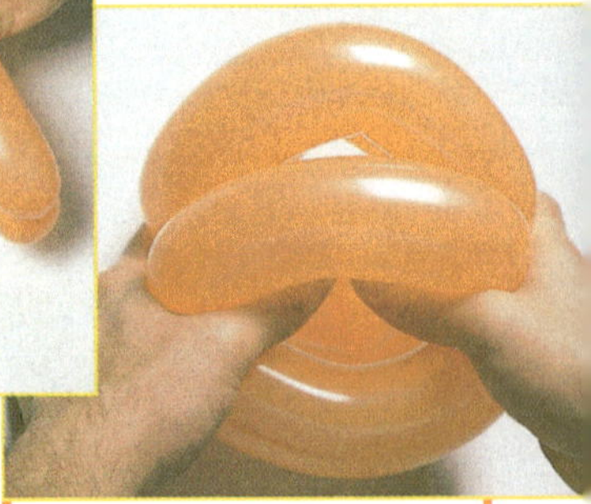

6. Dehne die drei Ringe, indem du an den Verdrehungspunkten anziehst.

(weiter auf Seite 38)

Gänse-
blümchen

7. Drücke die Enden flach und lege die Figur auf eine Hand.

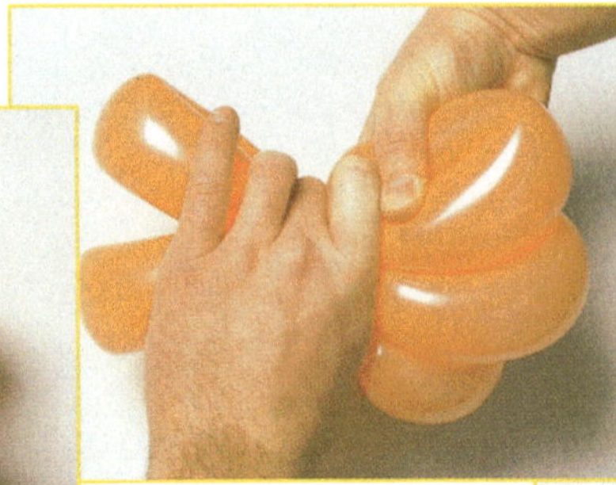

8. Packe mit der anderen Hand drei Blütenblätter und führe schnell eine Verdrehung aus.

9. Modelliere die Blütenblätter so, dass sie im Kreis angeordnet sind.

10. Stängel
Blase einen grünen Luftballon auf und lasse ein Ende mit 8 cm Länge. Den Mittelpunkt der Blume bildest du mit einer Blase, wobei du mit dem Mund das andere Ende des Luftballons leersaugst. Damit keine Luft aus der Blase austritt, musst du dabei mit den Händen am leergesaugten Teil ziehen.

11. Stecke den Mittelpunkt der Blume zwischen den Blütenblättern hindurch.

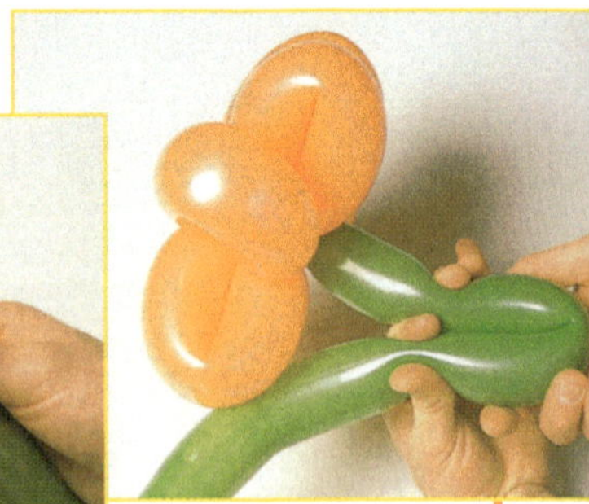

12.

13.

12. + 13. Die Blätter realisierst du mittels zweier Ringverdrehungen. Befestige sie seitlich am Stängel.
Du kannst auch mehr Blätter machen.

Täubchen

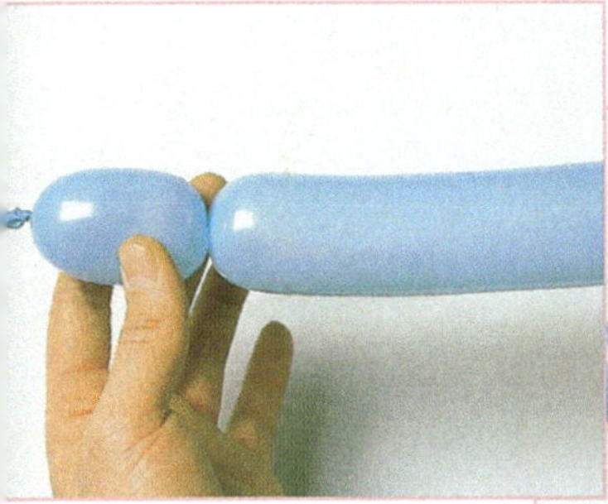

1. Blase einen Luftballon auf und lasse ein 5 cm langes Ende. Dann knotest du ihn ab.

2. Erstes Vögelchen

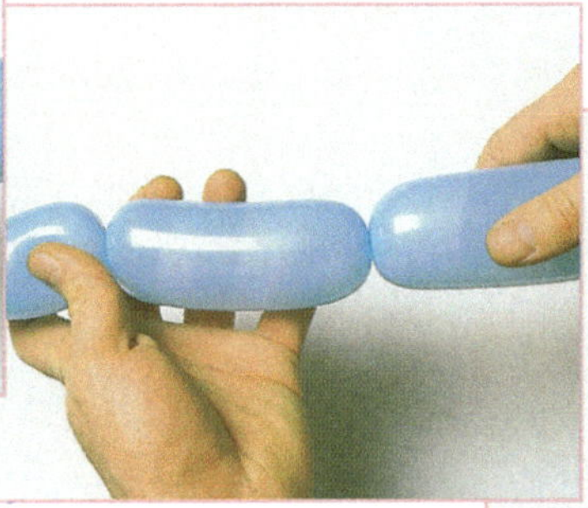

Bilde eine Blase mit 4 cm Länge, die zum Schwanz wird.
Dann machst du eine 8 cm lange Blase für den Körper.

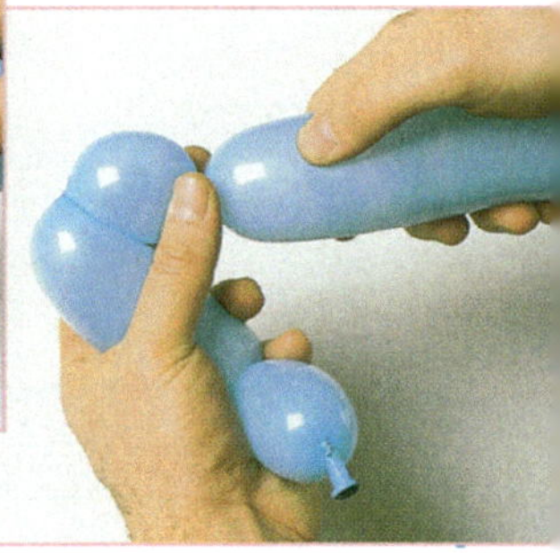

3. Nun entsteht mit einer 3 cm langen Blase der Kopf.

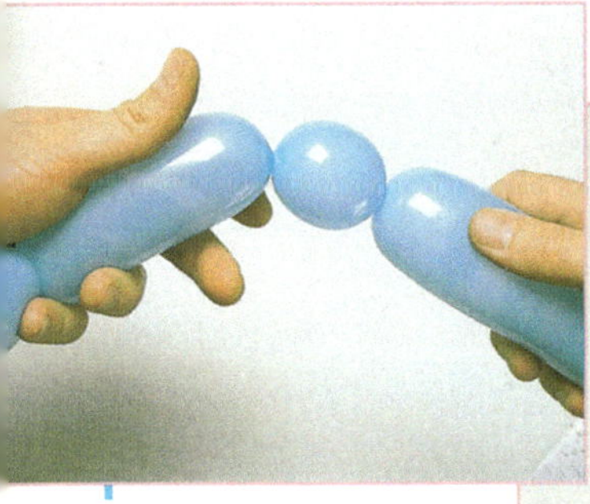

4.

5. Zweites Vögelchen

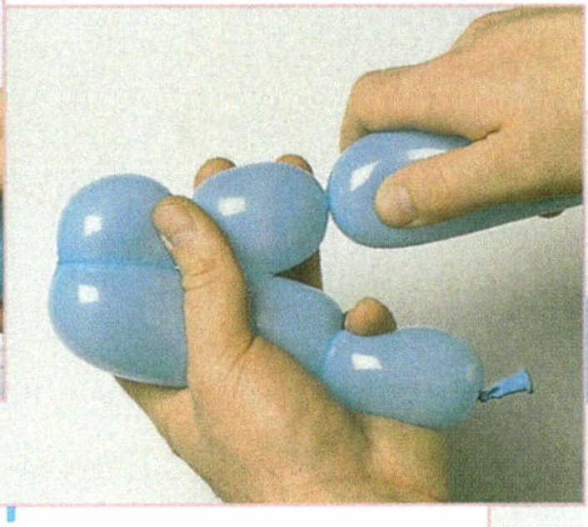

Bilde eine Blase mit 3 cm Länge für den Kopf und eine 8 cm lange Blase für den Körper.

6. Lehne die beiden Körper aneinander und verbinde sie durch eine Verdrehung.

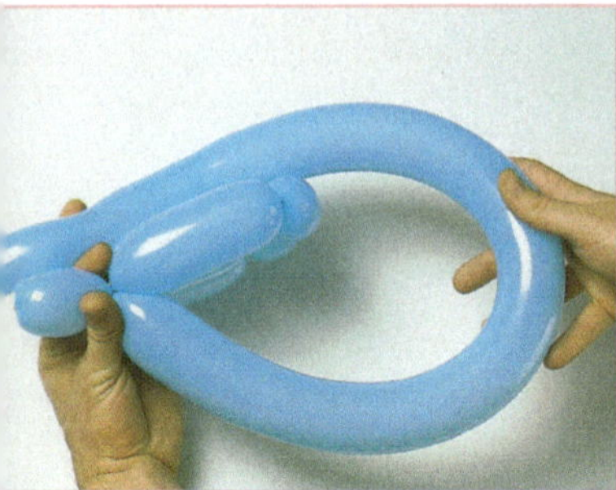

7. Der Schwanz des zweiten Vögelchens wird mit einer 4 cm langen Blase gebildet. Danach werden die beiden Schwänze mit einer Ringverdrehung fest verbunden.

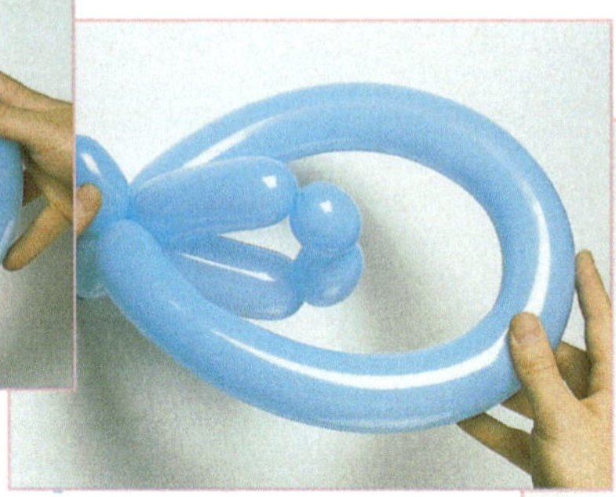

8. Setze die beiden Vögelchen in den Ring.

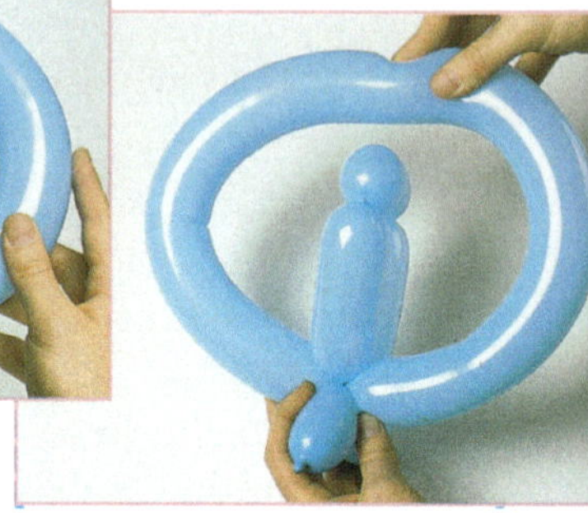

9.

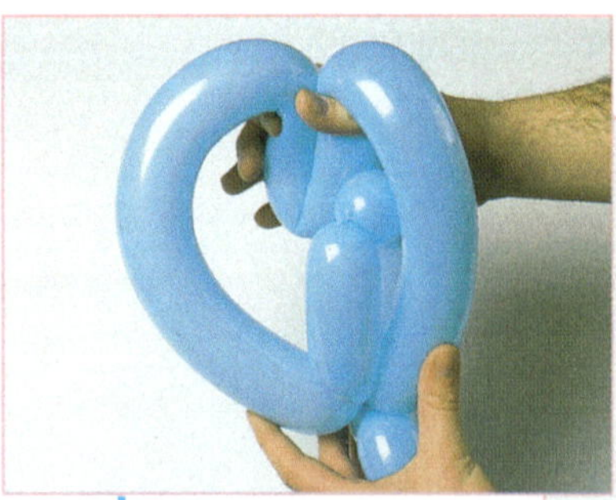

10. Damit der Ring zu einem Herz wird, musst du den oberen Teil mit der Hand zusammendrücken und ihn 15 Sekunden lang in dieser Stellung halten.

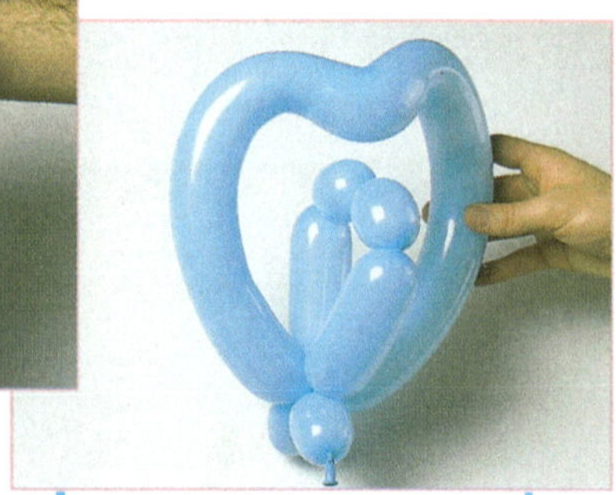

11. Jetzt loslassen. Die Figur ist fertig.

Täubchen

Kolibri

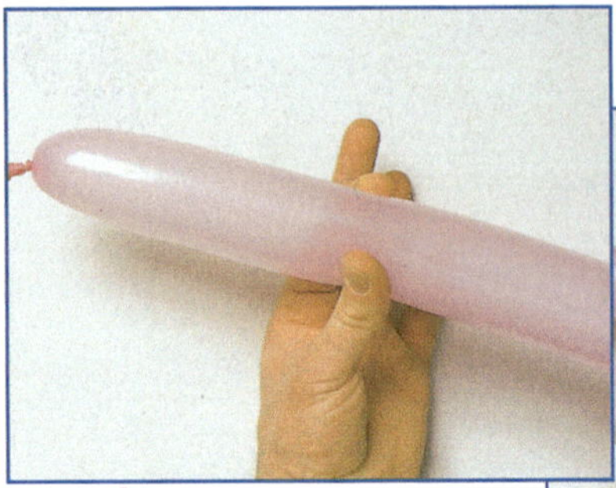

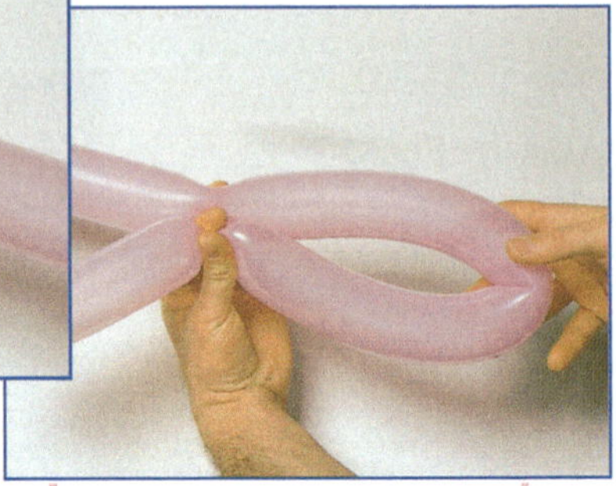

1. Blase einen Luftballon auf und lasse ein 7 cm langes Ende. Dann knotest du ihn ab.

Körper
Bilde eine Blase mit 12 cm Länge.

2. Flügel
Führe zwei Ringverdrehungen mit 35 cm aus.

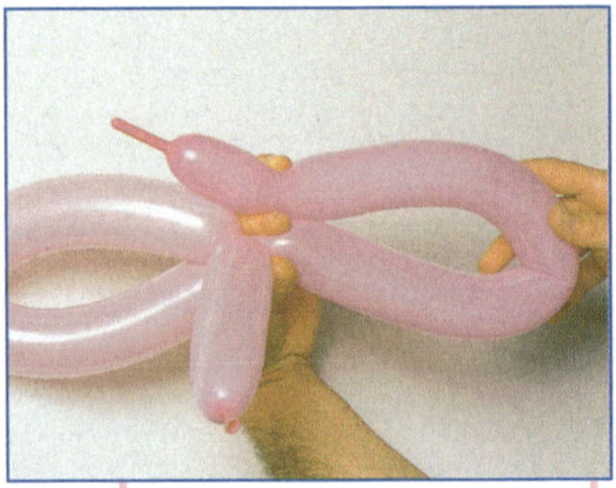

3. Biege den Hals, indem du ihn mit den Händen modellierst.

Schmetterling & Kolibri

Schmetterling

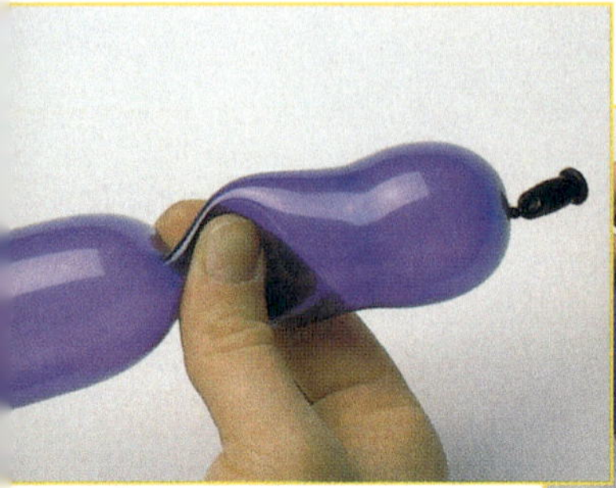

1. Blase einen Luftballon auf und lasse ein 7 cm langes Ende. Dann knotest du ihn ab.

Körper
Bilde eine Blase mit 7 cm Länge.

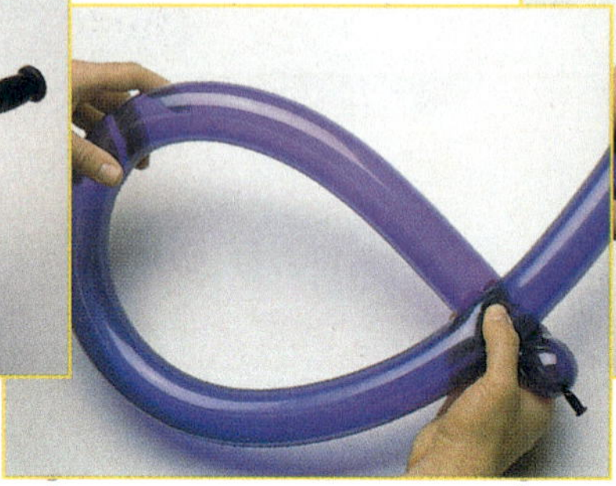

2. Mache eine Ringverdrehung und lasse am Ende eine Blase mit 20 cm Länge, die für Hals und Kopf bestimmt ist.

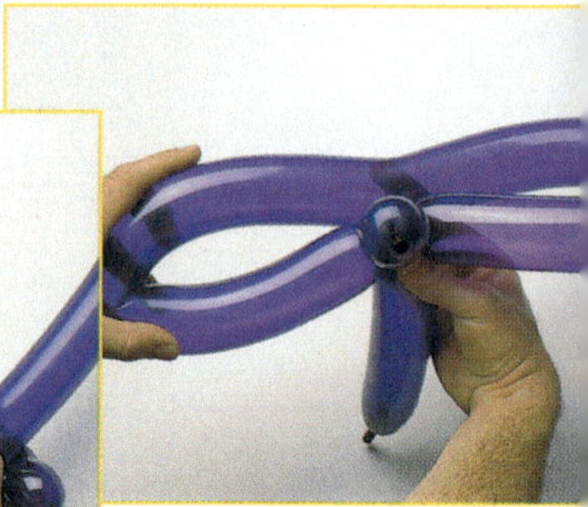

3. Drücke den entstandenen Ring in der Mitte zusammen und führe eine weitere Ringverdrehung durch.

4. Modelliere die Oberflügel mit den Händen.

5. Blase einen weiteren Luftballon mit einer anderen Farbe auf und lasse ein 2 cm langes Ende. Dann knotest du ihn an beiden Enden ab.

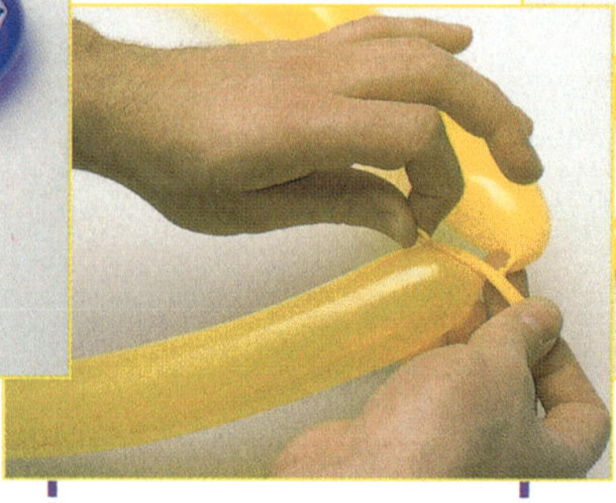

6. Die Unterflügel realisierst du, indem du in der Mitte des Rings eine Ringverdrehung ausführst.

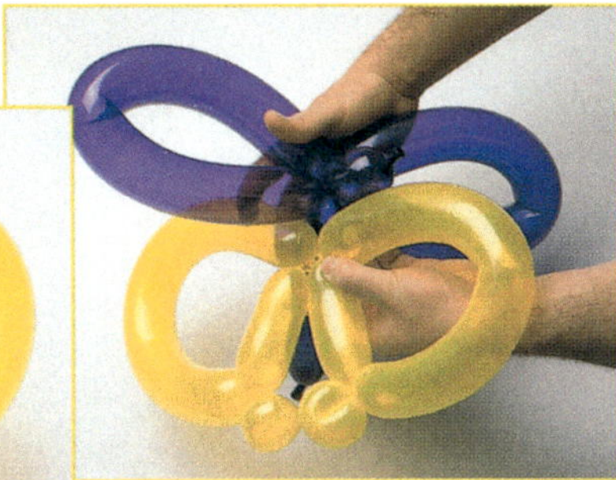

7. Führe am unteren Teil des Flügels eine kleine Ringverdrehung durch und wiederhole diesen Schritt auch auf der gegenüberliegenden Seite.

8. Baue die Figur zusammen, indem du die violetten Flügel zwischen die gelben Flügel hinein schiebst.

9. Biege den Kopf nach oben.

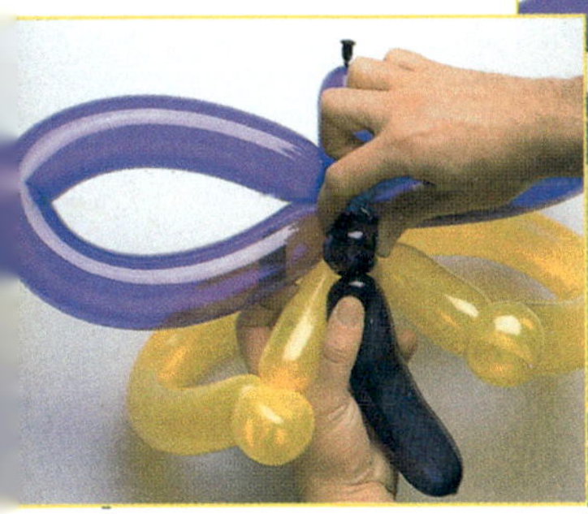

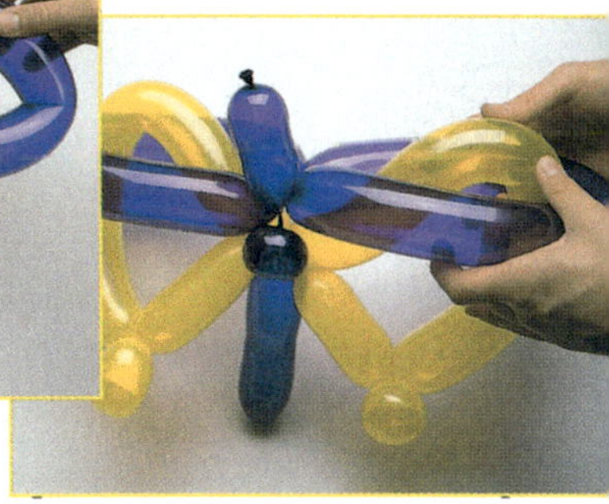

10. Den Mittelteil des Körpers erhältst du, indem du eine Blase mit 4 cm Länge bildest und eine Ohrverdrehung ausführst.

11. Biege den Kopf und den Unterleib in die richtige Stellung.

12. Die Flatterbewegung kannst du simulieren, indem du die gelben Flügel in die violetten Flügel einschiebst und das Ganze mit den Händen modellierst.

Schirm

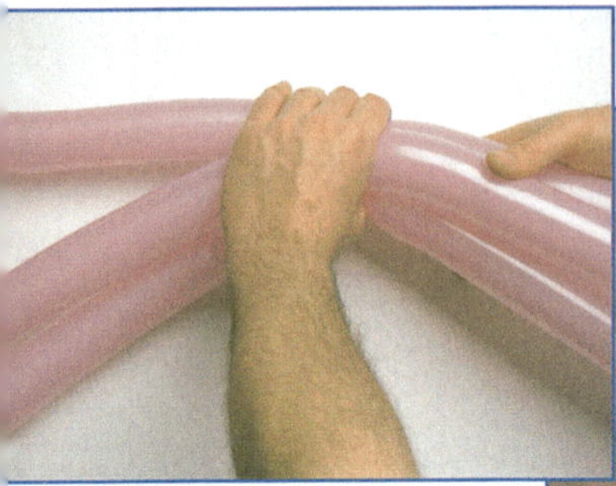

1. Blase drei Luftballons vollständig auf, so dass sie dieselbe Länge haben. Verknote sie, füge sie zusammen und teile sie durch eine Verdrehung in zwei Hälften.

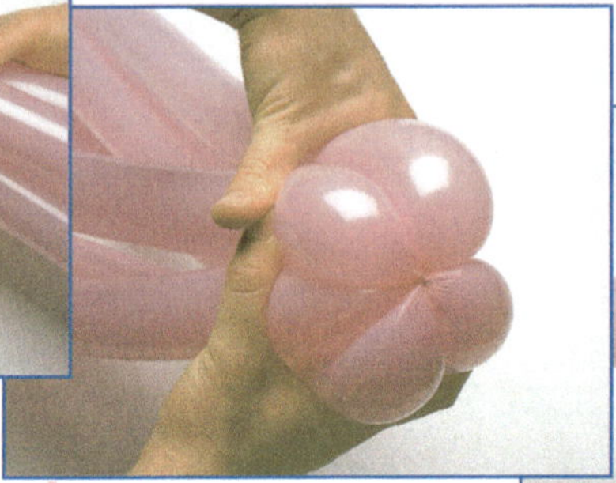

2. Verbinde die sechs Teile in einer Hand.

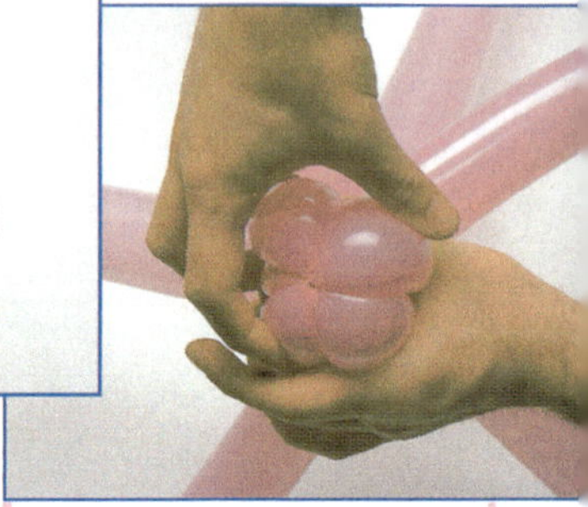

3. Führe eine Verdrehung aus, so dass an der Spitze des Schirms sechs gleich große Blasen entstehen.

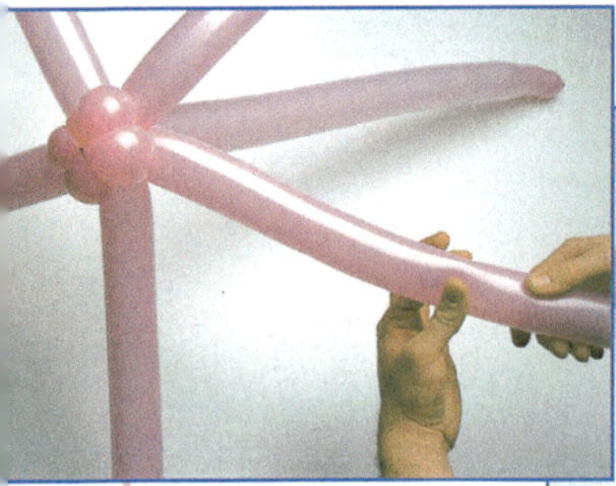

4. Realisiere am Ende der Streben eine Blase mit 3 cm.

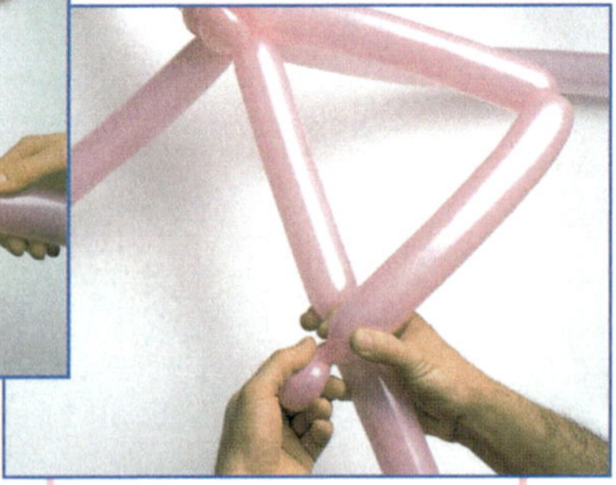

5. Mit einer Verdrehung unterteilst du die Streben in zwei gleich große Teile. Hake dich mit einer 3 cm großen Blase im Zentrum der zweiten Strebe ein (Abbildung 5). Auf diese Weise bildest du den Umfang des Schirms. Wiederhole diesen Schritt fünfmal. Der sechste Teil stellt dann den Stiel des Schirms dar.
Bilde den Griff, indem du den Endteil krümmst.

Schirm

Die Figuren wurden von Nicola Suman realisiert.

Fotos: Arc-en-ciel, Verona
Druck und Bindung: DZS Grafik, Slowenien

MIX
Papier | Fördert gute Waldnutzung
FSC® C106600
www.fsc.org

Penguin Random House Verlagsgruppe
FSC® N001967

Neu gestaltete Ausgabe von TOPP 2694.

19. Auflage 2025

produktsicherheit@frechverlag.de

ISBN 978-3-7724-3319-1 • Best.-Nr. 3319